保護者とかかわるときのきほん

援助のポイントと保育者の専門性

植田 章

もくじ

もくじ

プロローグ

保育者は援助者である

保育園（保育所）とは、どのような場所でしょう。保育園は、子どもにとっては安心して生活できる場であり、その発達と人間関係をより豊かに育んでくれる場所です。また、保護者にとっては、自分が働いている間、安心して子どもを託せる場所であり、他の親や保育者との交流のなかで励ましあい、子育ての知恵を得ながら、ともに子育てを進めていくことのできる場所でもあります。さらに近年では、働く親に限らず、地域に住む子育てを行うすべての親をその対象とすることも、役割として求められています。そしていうまでもなく、そこで働く保育者にとっては、安心して働き続けることができる職場であり、その専門性を追求することが可能な職場でなければなりません。

保護者・保育者の思いが通じあわないというジレンマ

昨今、保育者の側から保護者との関係が「しっくりいかない」といった声を多く聞きます。保護者との関係のなかで生じるジレンマは、比較的コミュニケーションが取れていると思われる保護者との間でも、多かれ少なかれ感じられているようです。

たとえば、どこまで踏み込んで話をしていいのかわからないといった、保護者との「適度な距離」の取り方・接し方や価値観の違いをどう埋めればよいのか、つまり保育者にとって、保護者の言動は理解しがたいということと同時に、保護者に保育者の考えをなかなか理解してもらえないといったあせりがあります。また、物理的・時間的余裕がないなかで、じっくりと保護者に向きあう時間が取れないといった問題などもあるようです。特に、保護者の言動については、保育者が保護者に「振り回されている」と憤りを感じてしまうような事例も少なくありません。

なぜ「行き違い」は起こるのか

では、保護者との「行き違い」が、昨今とりわけ感じられるようになった背景には、どのようなことがあるのでしょうか。

まず、保育そのものが「サービス化」してきているという問題があります。高齢者福祉や障害者福祉の分野ですでに見られるように、利用契約制度の導入によって「福祉サービス」が商品化され売り買いされることで、社会保障の公共性は薄れ、社会福祉も「損得勘定」の世界に引きずり込まれています。つまり、市場の感覚で社会保障を見たり、考えたりすることに、なんら違和感をもたない状況が国民に広がってきているのです。

実際に、保育分野でも企業参入が大きく進んでいます。「買うサービス」の横行は、保護者の側に「お金を出しているのだからしてもらって当然」という意識や、「ビジネスライクなつきあいでよい」という意識を生じさせました。前者は保護者の要求をエスカレートさせる要因を含んでおり、後者は保護者の求める以外のことはしなくてよいという考え方に結びついていきます。つまり、「子どものしつけに口を挟まないでほしい」「ケガをしない程度に預かってもらえさえすればよい」と考える人が出てきたのです。

以上のような考えをもつ保護者を、特に経験年数の浅い保育者は苦手とする傾向があります。「人の役に立ちたい」「力になりたい」といった初心の思いが通じないという理想と現実のギャップに苦しんでしまうからかもしれません。しかし、初心の思いをもちながらも次にステップアップしていくためには、さまざまな保護者に向きあっていく力、受け入れていく力と資質は必要です。それは保育者としての成長にもつながるものです。

以前は、社会福祉法人としての長年の歴史と実績を前提に「お家（園）の事情」もあえて話しながら、保護者に理解や協力を得て進めていくという福祉施設のあり方もありました。保育園の側のさまざまな事情を知ったうえで、「お互い様」だからという立場に保護者が立ってくれていたのです。

しかし、そうした姿勢は今では時として「甘え」と受けとめられることもあります。ただし、こうした一種の緊張は決して悪い面ばかりではありません。大切なのは、社会状況や価値観が変化しても、保育者が日々の保育をとおして保護者との信頼関係をいかに築くことができるのかということであり、お互いが対等な関係で生活課題を共有し、共感しあうという援助関係のきほんを形成することは、経験年数の浅い職員でも十分に可能なことなのです。

子育て以前に生活や仕事に不安を感じている保護者たち

現代社会を生きる保護者にとって、子どもを育てていくということは、子どもに関すること以外の点を見ても容易なことではありません。特に、保護者の労働の変化は、子どもの生活にも歪みを生じさせています。働く保護者からこんな報告がされています[1]。

〈「派遣なので、九月いっぱいで仕事を辞めさせられます。離婚したので先のことを考えて夜のバイトを始めました」「園に迎えに来たあと、祖母に預け、また仕事に行きます」「人手がないので、これまで三回だった夜勤が四回になります」「土日のほうが時給がいいので、祖母に見てもらって土日に働いています」といった会話は日常茶飯事です。夜勤のときは、おばあちゃんのうちに泊まるA君。次の日は荒れています。お母さんが夜のバイトを始めたB君は朝ごはんを食べてこない日も多く、午前中は荒れていることがあります。母親の仕事の間は祖母宅に預けられているCちゃん、自宅に帰って寝るのは一一時すぎ。朝起きられず、朝ごはんもそこそこに登園です。朝ごはんは大切などと理想を押しつけるわけにもいかず、保育園の役割の見直しの時期だと痛感しています〉

厚生労働省の調査（「平成二三年度全国母子世帯等調査結果」）では、母子世帯のなかで就業している母親の平均年間就労収入は二〇〇万円を下回り、そのうち正規雇用はたったの四割弱です。さらに、ワーキングプアの状態であるにもかかわらず、生活保護を受給して

1
「子どもたちの生活は今」
『ちいさいなかま』2010年1月号、19ページ

いない世帯は八割にものぼります。こうした状況は母子世帯に限ったことではありません。過密労働・過重労働から精神を病み職場を離れる人も多く、社会問題にもなっています。この間の社会構造の変化が国民生活の根底を崩し、日本を貧困大国にしてきたことは紛れもない事実なのです。

こうしたなかで、子育て以前に、保護者が生活や人生に強い不安を感じるようになっています。同じ時代、同じ社会を生きる人間であるとの立場に立って、保護者の生活理解（対象理解）を深めていかなければ何も見えてはきません。

保護者が精神的な疾患を抱えているのではないかと思われる事例も増えています。具体的には疲労困憊《こんぱい》から、心身症や躁鬱《そううつ》症などを患っていることが考えられますが、問題なのは、病院にもかかからず放置されているということです。

保護者を精神的に追い詰めた原因はさまざまでしょう。先述のような過酷な労働への変化もありますし、夫婦関係を含む人間関係の希薄化や孤立なども考えられます。人間は、精神的に追い詰められ、余裕がなくなるとさまざまな症状が身体に現れます。倦怠《けんたい》感や不眠、動悸《どうき》や肩こり、苛《いら》立ちや不定愁訴《しゅうそ》などです。そうした状態でも子育てには「待った」がありません。子育てでのがんばりが、さらに保護者の症状を悪化させることもあります。

一方で、保護者の変化が子どもたちにも影響してきます。自傷や他傷行為が見られたり、イライラなどがトラブルの火種となってしまい、子ども自身の成長が阻害されることもあります。

持ち込まれる問題の多様化・複雑化

理解しがたいと思われる保護者の言動の背景には、他にも、インターネットやSNSなどの発展から子育てを含む生活全般に関して情報過多になっていることも要因の一つでしょう。子育てでいえば、他の子どもをわが子と比べるあまりに、必要以上に不安が募ったり、多くを求めすぎてしまったりなどがあります。

また、個人に対して自助努力や自己責任が問われる傾向が強まってきたことで、他者に助けを求めたり、迷惑をかけてはならないという意識が強まり、保護者が純粋に子育てを楽しむことができなくなっているようにも思います。

つまり、日々の保育のなかで出会う子どもと保護者を取り巻く生活問題・生活困難は年々多様化・複雑化してきており、子ども自身の育ちや発達に関する問題だけでなく、保護者の生活や労働、人間関係などの要因を含んで現れる問題、これは今日の社会状況、経済状況を色濃く反映しており、根深いものになっているのです。

そんななかで、表に現れる面だけを見て、保護者の言動を保育者の価値観やモラルの面からとらえていると、細かいことばかりが気になり、結果的にお互い許しがたい感情が生じてしまいます。確かに、何度となく話をしても同じことを繰り返したり、約束や規律が守れなかったりと、相手の常識を疑いたくなるようなこともあるでしょう。しかし、やはり理解できるよう努力しなくてはいけません。それが援助関係を築く第一歩なのです。たとえば、問題の背景にまで考えを巡らせ、少し見方を変えてみると、「困った」保護者の言動も、精一杯生きている証《あかし》に思えるかもしれません。

援助者としての保育者の役割は、保護者の間違いを正すことではなく、その不安や悩みを受けとめ、和らげることと、少しでも希望を見い出し、前に歩き出せるような働きかけを行うことです。したがって、援助とは、相手の能力や可能性に依拠して進められるものであり、一方的に介入することではありません。命令や指示、決めつけから相手を説得しても、決して解決・緩和には至らないことを忘れないでほしいのです。そして、抱えている問題が他人には代わってもらうことのできない、自分自身が乗り越えるべき課題であることを、時間がかかっても保護者自身にわかってもらうことです。その際、援助を必要とする保護者の問題点にだけ目を向けるのではなく、彼らのもつ豊かな部分にも着目してかかわっていくことが大切です。そうした視点は日々、実践の場で子どもたちに向けられている保育者のまなざしと同じなのです。

今、援助者としての保育者に問われていることは、子どもが生きていくこと、育つこととかかわって、何を大切にしなければならないのかということです。子どもの生命活動の順調な営みを保障するためには、何よりも保護者と保育者が一致して子育てを進めていくことが重要です。

保護者の相談を受けるときに大切にしたいこと

子育てに心配事や不安はつきものです。心配事や不安のない子育てはないといっても言い過ぎではないでしょう。保護者の抱えている心配事や不安は、子ども自身のことや子どもと保護者の関係に関することだけではありません。家族の問題や経済的な問題、健康問題、仕事上の問題など多岐にわたり、こうした場面で受けるストレスが、結果的に子育てに影響を及ぼすことがあるのです。

保護者が子育てなどで悩みを抱えたとき、身近に相談できる存在がいるかどうかは重要です。たとえば、祖父母やきょうだい、親しい友だちや職場の同僚などであれば、たとえささいなことであっても気軽に話すことができます。こうした存在に比べると、保育者は相談相手として多少、距離を感じられてしまうものかもしれません。

しかし、保育者には子どもと日常的に接し、その子どもをよく知っているという強みがあります。また、保育の専門家でもあり、保育者は保護者にとって、子育ての心強いパートナーであることは間違いないのです。

人に悩みを打ち明けるということ

子育ては決して一人でできるものではありません。家族や地域の人たち、社会の助けや支えが当然必要です。言い換えれば、子育てのなかで何か悩みや問題を抱えたとき、誰かに「SOS」を発すること、相談すること、頼ることができるということは、保護者として自律的な人生を送るうえで大切な姿勢であるともいえます。

人が悩みを抱えたとき、他者に気軽に相談できる人もいればそうでない人もいます。もちろん、これは保護者も同様です。前者の人の場合、ふだんからひんぱんに子どもや保護者のようすを知ることができますし、保育者の側で気になることがあれば、気軽にたずねてみることもできるでしょう。しかし、後者の人の場合には、保護者からのアプローチが少ないために、保育者の側から働きかけを行っていく必要がでてきます。

保護者が悩みを相談できない理由はさまざまです。保護者自身が問題の本質に気づいていない場合や、気づいていても、今の暮らしを変えてまで解決したいと思っていない場合、また、保護者自身は「おかしい」と感じていても、どのように他者に伝えていいのかわからなかったり、個人的な悩みを他者に打ち明けることそのものに抵抗を感じてしまう場合もあります。他にも、相談者以外の人物、たとえば配偶者や祖父母らなどに反対され相談できない場合も考えられます。いずれにしても、問題は放置されることで複雑にいりくんでしまい、子どもの生活にまで影響を及ぼしてきます。

また、保育者に対して保護者が悩みを打ち明けたいと思っても、保護者自身が相談内容を初歩的なものと感じていたり、単なるグチにしかならないと思って話すことを躊躇《ちゅうちょ》してしまう場合もあります。反対に、保育者の側が保護者の不安や心配事をとるに足らないものとして簡単に片づけてしまったり、十分に話も聞かずに「何かあったら、また相談に来てください」と木で鼻をくくるような対応をしていると、「もう二度と相談には行きたくない」と思わせてしまい、問題が潜在化・深刻化してしまう場合もあるでしょう。

人がその胸の内を他者に明かすということは、相手（保育者）だけでなく、自分自身と向きあうということでもあり、多大なエネルギーを要するものです。特に、子どものことや日々の生活に関するきわめて個人的な部分を含む内容の場合、誰かに話すこと自体に強い抵抗があって当然です。そうした葛藤や労力を払って、保護者は保育者に相談に来ているのです。

訴えにただ耳を傾ける

人が人の相談にのるとき、ごく親しい関係の場合は、相手の性格や状況をよく知っているために、その人にあったアドバイスや伝え方ができます。一方で、親しい関係であるがゆえに自分の思ったことを率直に伝えたり、自分の価値観から一方的にアドバイスすることも許されてしまうという面があります。しかし、保育者はどんなに親しくなった保護者からであったとしても、あくまでも保育の専門職として相談を受けており、そのアドバイスは保護者に絶対的な信頼をもって受けとめられます。したがって、対応やアドバイスが単なる保育者個人の意見や価値観の押しつけになることは戒めなければなりません。

ただし、一方で、保育者の受ける相談は保護者や子どもの日常の営みにかかわることであり、単に専門家として客観的であればよいというわけでもありません。

たとえば、子どもがあまり食事を食べないことを気にしている保護者から相談を受けたとします。保育者から見ると、子どもは健康そのものであり、体重や身長も標準的でなんの心配もいりません。子どもの成長や発達は個人差も大きく、以上のような理由で「心配しないで大丈夫ですよ」と保護者にアドバイスします。しかし、毎日繰り返される食事という営みのなかで、保護者はそうした客観的な意見に耳を傾けられないほどに疲弊し、子育てへのストレスを抱えているかもしれません。食事内容やしかたなどをいろいろくふうしてみたり、子どもの体調を心配したり、果ては自分の食事の作り方が悪いのではないかと自分を責めているかもしれません。そうした試行錯誤を繰り返し、自分の子育てに自信をなくし、「子どもが食事を食べないんです」と訴えてきたのかもしれません。

相談を受ける者として大切にしなければならないことは、第一にその訴えに真摯《しんし》に耳を傾けるということです。相談を受けて、保育者が考えるべきことは、自分（保育者）がそのことをどう思うかでなく、保護者がそのことをどのように感じているのかということなのです。場合によっては、保護者に必要なのはアドバイスや問題解決の方法などではなく、「ただ話を聞いてもらう」「ただ自分の思いを吐露する」という経験そのものであったりします。自分の気持ちをことばに表すことで、自分自身の苦しみと自分との間に少し距離を置くことができるのです。保護者の思いを受けとめ、「今、相手（保護者）にどんなことばをかけてあげたらよいのだろうか」ということに思いを巡らすことは、問題の解決法を探るよりも優先して行うべきことといえます。

こうした経験から得る安心感が、かたくなな保護者の心をほぐし、保育者とのコミュニケーションをより豊かなものにするのです。

保護者と信頼関係を築くには

相談関係とはすなわち信頼関係を前提にしています。保護者と保育者の間に確かな信頼関係がなければ、保護者が相談に来ることもないし、仮に何か保育者の側から働きかけたとしても、保護者にきちんと受けとめてもらうことはむずかしいでしょう。

では、保護者との信頼関係を築くために大切なこととはなんでしょうか。

まず何より、日々の保育実践がきちんと提供されていることが大前提にあります。保護者は、子どもが毎日楽しく保育園に通っていく姿から、子どもが保育者に信頼を寄せていることを感じとり、安心するのです。また、子どもはもちろん保護者に対しても、保育者が日ごろどのように接しているのかは重要です。保護者からの要望にていねいに対応したり、お願いされた約束をきちんと守ったりといった、日々のやりとりを積み重ねることでも信頼は高まります。

また、保護者が気軽に相談できる雰囲気づくりも大切です。たとえば、あなたの保育園にプライバシーが守られる相談スペースは確保されているでしょうか。保護者の抱えている問題のなかには、決して誰にも知られたくないデリケートな内容のものも多く、昨今、特に生活問題を含めてその傾向は強まっています。保護者が話したいと思っても、用意された場所がプレイルームの片隅であったり、職員の出入りする職員室の一角であったりすれば、保護者が安心してその胸の内を話すことができないばかりか、次の相談の機会にもつながっていきません。相談すること自体を誰にも知られたくないと思っている人もいるのです。したがって、相談スペースは話の内容が漏れ伝わらない場所、プライバシーが守られる場所であるべきです。

子どものようすを伝えることを手始めに

保護者と保育者を結ぶもの、それは子どもたちです。保育の場面での子どものようすを保護者に伝えることは、信頼関係の構築にもつながります。伝える内容は何も特別なことでなくてもかまいません。たとえば、「今日はお散歩で、最後までみんなといっしょに歩くことができましたよ」とか、「洋服のボタンをとめるのがずいぶん上手になりました」など、保育の場面で出会った「一コマ」でよいのです。ただし、否定的な事柄や伝え方はしないよう注意しましょう。保護者が聞いて、子育てに勇気のでるような内容やことばかけが大切です。

ではなぜ、一見、ささいにも見える子どものようすを伝えることが信頼関係を築くうえで重要なのでしょうか。

仕事や家事に追われる保護者にとって、子どものことが「わからない」といった思いはままあるものです。何かことが起きてから「なぜ、気づけなかったのか」と自責の念にかられたり、正体のつかめないわが子に対して距離を感じてしまったりなど、そうした思いが深刻な育児不安へとつながっていくことがあるからです。保育者から日々伝えられる子どものようすやそこから垣間見える成長は、保護者にとって喜びであり、自分の子育てへの安心や自信・確信を得ることにもつながります。つまり、保護者にとっては子どもを知る貴重な機会になり、今後の子育ての大きな助けにもなるのです。

伝える方法には、毎日の送り迎えや個別面談、家庭訪問などの直接的なやりとりの他に、「連絡ノート」や「おたより帳」、定期的に開催される保護者会や「保育園だより」の発行などがあります。それぞれの有する機能や役割は異なりますが、いろいろな機会をとおして、子どもの姿や、保育園の保育理念や実践のなかで大切にしている点なども保護者に伝えておくのがよいでしょう。

日々の子育てや保育をとおして、保護者と保育者がいっしょに子どもの成長を喜び、驚き、笑いあうなど、「共感しあう」ことを重ねることによって、保護者は「この保育園、この保育者でよかった」と感じてくれます。そのうえで、日ごろから「何かあればいつでも来てほしい」「力になります」といったメッセージを保育園・保育者の側から感じとることができれば、強固な信頼関係を土台によりよい相談関係、援助関係を築くことができるのです。

面接での聞きとりと援助の進め方

Ⅰ 相談援助面接の技法とポイント

ここでは、実際の相談場面を想定しながら、相談援助面接の技法について、そのポイントをあげていきたいと思います。

訴えの内容と要求を的確につかむ

保護者からどのようなかたちで相談が持ち込まれるのかはさまざまです。「相談があるのですが…」と直接言われたときや、何気ない会話から相談に発展したという場合には、今すぐ聞いたほうがよいのか、改めて日を設定したほうがよいのかを確認します。この場で聞きとってもよいものなのか、場所を変えたほうがよいのかなども聞いておきましょう。また、保護者は相談の必要性を感じていなくても、保育園の側で話しあいをもちたいと考えている場合には、その旨を伝え、保護者がゆとりをもって時間をとれるような日時の都合を聞きます。

保護者から相談が持ち込まれた際、保育者がすべきことは、短い時間で安心して話ができる雰囲気をつくることと、相手の訴えに真摯に耳を傾け、必要な情報収集を進めながら、主要（中心的）な訴えの内容と、要求や願いを的確につかむことです。

しかし、日々、自身の抱えている問題に思い悩んできた人にとって、問題の全貌を理解し、その内容を冷静かつ的確に他者に伝えることは、考えているよりもむずかしいものです。感情が先走り、問題がいつ、どのように発生し、どのように推移してきたのか、整理して話せるものではありません。まず、目の前で話している保護者が、今どのような気持ちや感情をもってその問題をとらえているのか、怒っているのか、悲しいのか、怒っているとすれば自分自身になのか、または別の第三者になのかといったことを知らなくてはなりません。ただし、そこでつかんだことが、問題の本質を表すものであるかどうかはまた別のことです。ことばの表面的なイメージのみに反応するのではなく、慎重に相談の内容を聞きとり、その背景までも理解することが大切です。

保護者と保育者の共通認識を発展させる

では、具体的にはどのように聞きとっていけばよいのでしょうか。保護者の話から保育者がつかんだ問題の内容を、その発生から現在に至るまでの経過、登場人物などを整理し、保護者に確認を取っていきます。自分の思いや考えを言い表そうと苦心しながらも、適切なことばを見つけられず、あせったり、いらだったりしてしまう保護者の気持ちを察しながら、「お話をお聞きして、私はこう理解していますが、これでよかったでしょうか」と言語化して伝え返すのです。こうして言語化することで、保護者と保育者相互の理解が深まり、さらに、保護者の思いを引き出すことにも結びつきます。したがって、保育者には、相手の感情の動きや微妙な人間関係・家族関係などについて言い表す、豊かな語彙《ごい》力の習得も求められます。

こうしたやりとりを繰り返し、整理した内容を保護者と保育者の共通認識として発展させていきます。ただし、ここで気をつけなければならないことは、これまで受けてきた他の保護者と同じような相談であっても、その背景や解決に向けての課題は異なるという点です。ともすれば、問題を整理する際、その一般的傾向をつかもうとするあまり、その人個人も型に当てはめてとらえがちになります。しかし、いうまでもなく、それぞれの保護者で、生育歴や生活体験、価値観などは異なり、たとえ同様の立場にあり、似たような悩みを抱えていたとしても、その問題状況も受けとり方・感じ方も違うのです。つまり、相手を大勢のなかの一人としてではなく、「その人はその人であり、かけがえのない一人の存在である」との認識をもって接しなくてはなりません。

安易な慰めや励まし、安請けあいは禁物

また、保育者がよく犯してしまいがちな態度が、保護者への安易な慰めや励まし、安請けあいです。安心させてあげたい、楽にしてあげたいという思いから、問題の全体をつかんでいない状態で「大丈夫よ」「なんとかしてあげる」と声をかけてしまいます。しかし、こうした態度は、保護者が認識しなければならない問題の輪郭をぼやかし、次のステップへ向かうことを困難にしてしまいます。大切なのは、「このような問題を抱えているんだ」ということを保護者自身が認め、それに対して「なんでもない」と軽く受けとめてもらうのではなく、「なんとかしなければならない」と理解してもらうことです。

もちろん、問題の解決や緩和に向けて、保育者としてできる援助は惜しまないこと、なんらかの解決策や改善策があることは、はっきりと告げてあげましょう。そのことは、問題へ立ち向かう保護者の大きな支えになるはずです。

相談援助の原則では、あくまでも問題解決の当事者は、問題を抱える本人であるということです。保育者にとって、それが高いハードルに見えても、保護者を信じ、いっしょになって立ち向かっていくことで、思いもしなかった方向に解決・緩和していくことがあります。

問題の緊急性を見極める

持ち込まれた問題や事態の緊急性を大まかに見極めることも、相談の最初の段階で求められます。その際は「主として語られている事態の内容と、それを語る人の表情や現される感情とのバランス」[2]が手がかりとなります。問題を抱え、疲労困憊し、ときに絶望すら感じている人は、重大な事態であるにもかかわらず、そのことを無表情で語ったり、逆に興奮してあまり落ち着いて話すことができなかったりすることがあります。こうした場合、問題への働きかけとは別に、相手への支持と理解も必要になります。

たとえば、相談にやってきた保護者が「大丈夫です」「がんばります」と話したとしても、その「大丈夫」と表現した声のトーン、顔の表情や相談室のドアを開けて出ていく後ろ姿に、相手の本当の思いを感じとることができなくてはなりません。

相談の場面で保育者が保護者から受けとるべきメッセージには、ことばで表現されるものと、ことば以外の方法で伝えられるものとがあります。つまり、表情やしぐさ、身ぶり、手ぶり、声の高低や身体の構え方、姿勢などです。とりわけ、喜びや不安、恐れや焦《しょう》燥《そう》感、悲しみや憂い、憂うつ、驚きといった人間の感情は、こうしたことば以外の非言語的コミュニケーションによって表現されることが多いということを理解しておいてください。感情とは、ことばと非言語的な手段の両方で表現されるために、複雑で非常にとらえがたいものですが、保護者は身体の全部を使って自分の思いを表現しようとしています。ことばにならないことばで保護者が何を訴えているのかを理解し、その気持ちを汲みと

2
窪田暁子「家族と家庭生活への援助」人間発達研究所編『青年・成人期障害者の発達保障1　生活と人格発達』全国障害者問題研究会出版部、1987年、91ページ

り、「あなたの言いたいことはこういうことでしょうか」と伝えてあげることで保護者は安心し、「感情の明確化」がなされるのです。

問題の緊急性を見極めることについては、保護者の判断が重大な事態を招くこともあり、慎重さと正確さに加え、相手のわずかな変化を瞬時にとらえる五感や直感といった力量が求められます。そのためには、保育者は、ふだんから相手をよく観察し、刻々と変化する相手の状況をていねいにつかんでおく必要があるでしょう。また、上司や同僚、他の専門職などに広くアドバイスや意見を求めてみるのもよいでしょう。

生活のようすをリアルに把握する

問題の核心をつかみ、適切に対応するためには、保護者の生活のようすをできる限りリアルに知る必要があります。そのためには、生活のこと細かな部分について、保護者から詳細に聞きとらなければなりませんが、ほとんどの場合、きわめて個人的な事柄が含まれるために、あまりに立ち入った聞き方をすると、かえって相手が心を閉ざしてしまうことがあります。

情報収集を含む聞きとりの前提になるのは、すでに述べてきたように保護者と保育者の確かな信頼関係の構築ですが、技術的なことをいえば、たとえば、仕事や子どものことであれば、食べることや眠ること、あそびなど、相手が話しやすいと思われる事柄からたずねてみるのもよいでしょう。こういった、一見、問題には直接かかわりがないような日常の生活のようすについてたずねてみても、暮らし向きや経済的なこと、仕事、近隣関係など、実にさまざまなことが見えてきます。

たとえば、病気で寝込んでいた母親に「昨日の夕食はどうしたの？」と聞いてみると、「同じクラスのお母さんが持ってきてくださって」とか、「子どもはお友だちの○○ちゃんの家で食べさせてもらって、入浴までさせてもらって帰ってきました」など、他愛もない返事が返ってきます。しかし、こうしたやりとりからも、この母親が地域でどのような人と関係を結び、保育園の他の親とどのような関係を築いているのかを知ることができます。さらに、それがふだんのことなのか、とても特別なことだったのか、家族はどうしていたのかといったように話を広げていくと、またさらにいろいろなことが見えてきます。

相手の情報を知るには、何も相談場面に限る必要はないのです。特に日常的に保護者と顔をあわすことが可能であれば、ふだんからのやりとりや、子どもをとおして得た情報なども重要になってくるでしょう。

こうした保護者と保育者の対話や会話をとおしてなされる情報の収集は、保護者本人にとっても、改めて自分の生活を見直す機会となります。話しながら、「こんなことに自分は悩んでいたんだ」とか「もう少し、こんなこともできるかな」といった、ちいさな発見と心の変化を生むのです。もちろん、保護者のなかには「他人にどうしてこんなことまで聞かれなければならないのだろう」と腹立たしく思う人もいるかもしれません。しかし、保育者がどれほどその人生や生活を大切に考えているのかが伝わるような聞きとりであれば、情報の収集が単なる保育者の興味や好奇心からではなく、問題の解決にとって必要なことであるという理解を得られるはずです。

また、事情によっては、保護者とのやりとりだけでは深くとらえることがむずかしいこともあります。家族やその他の関係のある人たちが問題解決のキーパーソンになることもあるため、面接の場に同伴してもらったり、訪問して話を聞いたりすることが必要になる場合もあるでしょう。もちろん、第三者へのアプローチには保護者本人の了承を得たうえで、慎重さと特別の配慮が求められます。

相談場面の初期の段階においては、保護者に「自分の言いたいことを聞いてもらった」「理解してもらった」という経験を抱いてもらい、保護者と保育者の双方がともに歩むきっかけをつかむことが目標です。

Ⅱ……アセスメント面接の技法と援助方針の留意点

次に、具体的なアプローチを展開していく際に必要な面接（アセスメント面接）の技法と、援助の方針を決定する際に大切な留意点についてです。

アセスメントの方法とその重要性

援助の最初の一手をどう打つのか。その方向性を示していくためには、相談面接の初期の段階で得た情報に加えて、さらに保護者の生活のようすをくわしく知る必要が出てきます。社会福祉援助論では、この過程を「アセスメント」と呼んでいます。ここでの聞きとりは、初期の段階に比べると、もう少し問題の核心に触れていくため、かなり踏み込んだものになるでしょう。

たとえば、福祉事務所や児童相談所などに配置されているソーシャルワーカーが行う社会福祉の相談場面でいえば、生育歴、職歴、家族構成、所得状況、友人知人の関係、現在利用している社会資源（三六ページ参照）、受診状況などであり、もちろん、問題の解決に必要な内容に限ってたずねますが、かなりプライベートな部分を相手から聞きとらなくてはなりません。したがって、面接をとおして行われる情報収集が、相手への「調査」や「評価」といった印象を与えないことが重要になってきます。

保護者の考え方や価値観に保育者が驚き、首をかしげる場合もあるでしょう。しかし、プライベートな内容になればなるほど個人の性格や考え方が色濃く反映されます。十人十色、「常識」や「普通」の定義や内容も、人によって違います。保育者の想像力の乏しさや知識の不十分さによって、的確な質問や反応がなされなければ、保護者の潜在的な要求の表出を妨げるだけでなく、築き上げた信頼関係をも崩しかねません。つまり、ここで得られた情報は無意味なものになり、適切な援助にもつながらず、問題やその解決をよりいっそう困難なものにしてしまうのです。先述したように、相談面接の場面における保育者との対話や会話は、保護者にとっては自身の抱えている問題に向きあい、自分の生活の現状を見直し、課題を発見する機会になります。つまり、生活のしかたを変える教育的契機ともなるのです。また、人によっては、家族以外の第三者に援助を求める最初の機会になるかもしれません。そうした大切な機会を、保育者の一方的な価値観や態度によってつぶしてしまうようなことがあってはなりません。この点をしっかりと認識し、問題概要の全般的な把握と理解を進めてほしいのです。

少しむずかしい話になりましたので、次にアセスメントの重要性についての事例を紹介します。

事例……訴えと核心が異なる場合

働く両親に代わって毎日の送り迎えに来られる祖母から、孫のことばの遅れが気になると相談が持ち込まれました。孫は三歳になりますが、自分からあまり話をしないというのです。しかし、保育者からみて孫には、対応が必要なほどの発達の遅れは確認できません。そこで、この件に関して、祖母の考えを聞いてみました。すると、「嫁（母親）が仕事で忙しいからと子どもにあまりかかわってやれていない」「嫁は休日も子どもをおいて夫婦で買い物にでかけて子育てをしていない」など、母親に対する不満が多く聞かれました。つまり、この問題の核心は「母親に子育てを見直してほしい」という祖母の気持ちであったのです。

これは、主訴と核心が異なる場合です。ていねいな聞きとりとアセスメントがなされなければ、単に子どもへのことばの遅れに対するアプローチという誤った援助の方向に進んでいたかもしれません。

効果的な質問の技法

相談面接の場面では、「聴く」ということがもっとも大切な技法の一つですが、より効果的な質問の方法として「マイクロカウンセリング」という技法があります。これは、「閉じられた質問」と「開かれた質問」という二つの質問形式に関心を払うというものです。「閉じられた質問」とは、相手が「はい」か「いいえ」、または「数値」で答えることのできる質問のことです。たとえば、「子育てはつらいですか?」「○○ちゃんをかわいいと思っていますか?」といったような聞き方です。この場合、限られた短い時間内に、援助者のリードで情報収集を行うには効果的です。しかし、こうした「閉じられた質問」だけでは、保護者は、何か一方的に保育者から情報を集められているというような印象を抱いてしまいます。受容されている、あるいは共感されているといった実感がもてず、疎外感を覚えてしまう場合もあるでしょう。

一方、「開かれた質問」とは、「もう少しくわしく説明してください」「そのとき、あなたはどのように思われましたか」というように、話し手のペースを尊重し、話の内容そのものに反応する質問の方法です。感じていることや考えていることを保護者自身のことばで語ってもらうのに効果的です。また、後者の質問方法は、より広範な情報を相手から引き出すのに役立ちますし、保護者と保育者の新たなコミュニケーションを生み出すという利点もあります。効果的な質問には、この「閉じられた質問」と「開かれた質問」の両方を組み合わせることによって繰り出される問いかけのタイミングが重要になってきます。

「沈黙」の尊重

次に、保育者がよく相談面接の場面で対応に困ってしまうのが相手の「沈黙」です。「どうしてこんなことになってしまったのでしょう」と語りかけたとたんに、相手が黙り込んでしまうことがあります。保護者の「沈黙」の場面に直面して、保育者のほうが逆に「何か失礼なことでも聞いてしまったのだろうか」と居心地の悪さを感じてしまうこともあります。では一般的に、面接場面ではどのようなときに「沈黙」状態が続いてしまうのでしょうか。

まず、相手に拒否的感情をおぼえ、「答えたくない」と思ったとき、また、どのように考えたらよいのか、自分の考えがわからなくなってとまどったとき、新たな展望を切り拓いていくために思案し、考え込んでいるときなどが考えられます。こうした「沈黙」に対しては、粘り強く「待つ」という姿勢を示したり、「このことについて話すことがむずかしければ、話す必要はない」ということを声かけしたりします。問題の核心に近づけば近づくほどあせってしまい、ここでさらに質問を重ね、相手を追い込んでしまうことは効果的ではありません。一見、遠回りのようですが、このような過程をとおしてはじめて、保護者の本当の思いが見えてくることもあります。したがって、相手の沈黙を尊重するという姿勢を、面接の場面では大事にしてほしいのです。

援助の方向性を示す

問題の核心について保育者が深く理解していくと、保護者との間で共通認識が可能になり、面接は大きく展開していきます。そのうえで、さらに、どのような条件を満たせば保護者の望む方向に問題が解決・緩和し、少しでもよりよい方向に向かうのか、援助の方向性を検討していきます。その際、問題の解決・緩和に向けた最初の一歩は、保護者にとって手のつけやすいもの、あまりハードルの高くないものがよいでしょう。なぜなら、たとえちいさな一歩であっても、保護者にとってはやりとげた自信につながるし、ちいさな波紋によって、状況も新たな場面へと変わって、まったく見えなかった解決への見とおしがいくらか見えてくることがあるからです。

また、問題の性格によっては、ごく短期間の集中的な援助で問題が解決・緩和する場合と、中・長期にわたる援助を必要とする場合があります。前者は、たとえば社会福祉の制度やサービスの利用によって解決する場合などです。後者は、前者の支えをベースにしながら、日常的な支援体制をつくっていくことで解決をめざす場合です。

さらに、こうした援助の方針は、相談を受けた保育者一個人で決定するのではなく、必ず組織として決定し、対応することも重要です。そのためにも、保育園として受けた相談内容については、きちんと記録に残しておきましょう。

援助の方針によっては、関係機関（保健センター、児童相談所、福祉事務所、医療機関など）への連絡や連携が必要になります。その場合には、他機関と情報を共有することについて保護者の同意・承諾を得ておくことはもちろんのこと、円滑な連絡・連携のためにも、これまでの相談内容の経過、把握している情報などをきちんと整理しておくこと、また、保育園側の担当窓口をはっきりしておくことなどが求められます。

もっとも大切なのは保護者の自己決定

最後に、もっとも重要なのは、保護者の問題解決への動機づけと援助方針への理解と承諾です。いくら保育者が有効な援助の方針を立てたとしても、主体者である保護者自身がその問題を解決したいと思っていなければ、最初の一歩ですら踏み出すことはできません。また、援助方針に対する理解がなければ、これから援助の提供をとおして実現していく新たな生活への展望とその筋道を描くことができず、保護者のもつ力を引き出すこともできません。したがって、援助方針の決定には、保護者自身の自己決定や合意形成が前提にあります。

援助を受けることで保護者の生活には大なり小なり変化が生じ、それは新しい生活のスタートといえます。保護者がそのことをどのように受けとめているのか、それによって家族の生活がどのように変化したのかといったことについても目をくばっていきましょう。

たとえば、他の関係機関につなぎ、問題が保育園の手を離れたとしても、保護者にとっては保育園・保育者は問題を共有し、身近に頼れる存在であることに変わりはありません。解決の過程で保護者が望めば、再び相談を受ける相手・場所であることも、保護者に伝えておきましょう。

Ⅲ……個別援助の原則

生活を支える各種の社会福祉制度・サービスを利用するうえでのポイントと、短期間の集中的な援助によって、ひとまず終結を迎える相談面接の技法、そして、改めてこれらの援助の土台となる対人援助の原則について紹介します。

社会福祉制度・サービスを利用する

保護者の抱えている生活問題・生活困難の内容によっては、その解決・緩和のために社会福祉制度やサービスの利用が必要になる場合があります。相談者の生活要求を充足するために動員される人的・物的資源を総称して「社会資源」と呼びます。社会資源の利用（活用）は、援助過程のなかでも大きな位置を占めてきます。社会福祉制度やサービスは多種多様にあります。たとえば、児童相談所や福祉事務所、他の社会福祉施設などもそうです。保護者の相談内容に応じて適切な対応をとっていくためにも、保育者には社会資源に関する十分な知識が求められます。具体的には、制度やサービスがどのようなものかといった内容に関する知識、どのような人が利用できるのかといった利用対象に関する知識、そして、手続きに関する知識です。事前に、保護者がすでに利用している制度やサービスも把握しておきましょう。その後、福祉の専門職が保護者の生活問題・生活困難を解決・緩和していくために、当面、どの制度やサービスの利用が有効（効果的）なのかという利用選択の判断をしていく際に役立ちます。

社会資源の利用にあたってむずかしいのは、そのことを保護者に受けとめてもらい、合意を得て進めていくという点です。いくら保育者が制度やサービスの利用が必要であり、これが最善の選択だと判断したとしても、実際に制度やサービスを利用する本人、つまり保護者自身が利用のための申請を躊躇するなど、前向きに受けとめることができなければ援助は進んでいきません。保護者のなかには、制度やサービスの申請そのものに後ろめたさを感じていたり、利用したいと思っていても利用料の負担を心配して消極的になってしまう人もいるでしょう。したがって、相談活動のあらゆる場面で必要なように、制度やサービスの利用に際しても保護者の思いや考え方をしっかりと聞いておきましょう。そして、事前に制度やサービスの内容に関する正しい情報を保護者に説明します。安心して利用してもらううえでの教育的な責任は私たち援助者、つまり保育者の側にあるということです。社会資源に精通しておくためにも、常時アンテナを張りめぐらせて、制度やサービス、子育て支援団体等に関する情報を収集することも、援助者としての大切な役割です。

援助の終結に向けて

相談援助面接の初期の段階では、「支援の芽」がどこにあるのかを探り、展開期では信頼関係を築きながら「支援関係の構築」に向けてのアプローチを進め、具体的な援助をとおして新たな生活への展望と筋道を示しながら、保護者が一つひとつ課題を乗り越えていくための援助を進めていきます。ひとまず、ここで援助は終結の方向に向かうことになります。ただし、保育園としては、今後に残された課題やこれから予測できる事態について明らかにし、情報をきちんと共有しておきましょう。

保育園を舞台に提供される相談援助の場合、一つの問題の終結によって、保護者と保育者は日常の関係に戻っていくことになります。しかし、いったんは問題が落ち着いたように見えていても、実は保育者が見逃していた問題が残っている場合もありますし、援助を受けて新たな生活に入ったことで、別の問題を抱えることもあります。制度やサービス等の利用によって新しい環境に参加したことが、保護者にとってどういう意味をもったのか、現在どのような状況にあるのかといったことも確認しておく必要があります。

また、援助が終結した段階で、援助にかかるこれまでの全過程の具体的な内容を振り返っておくことも大切です。つまり、教訓を導きだしておくということです。このことを援助の過程では「評価」と呼んでいます。

評価の視点としては、①生活問題・生活困難へのアプローチの視点は正しかったのか、②実施した援助が保護者にとってどのような成果・影響を生んだのか、③保護者の主体性を発展することができたのか、④地域の関係機関や専門職種との連携・協力関係を築くことができたのか、またさらに発展させることができたのか、⑤社会資源の不備が明らかになった場合、どのような改善を図り、課題として何が残されたのか、⑥チームとしてどのようにかかわり、それによって援助の質がどう高まったのか、の六点をあげておきます。

評価にあたっては、援助者の「記録」が貴重な資料や裏づけとなります。したがって、記録は援助の全過程において整理しておかなければなりません。また、評価の過程は、可能ならば援助に携わった専門職を含む関係者の合議で進められることが望ましいでしょう。

対人援助の原則

相談援助を具体的に進めていく際には、個別援助における対人援助の原則についても理解しておく必要があります。ここでは、先人たちが福祉実践をとおして確立してきた原則のなかから、一般的に広く知られている「バイスティック（Biestek,F. P.）の七つの原則」について紹介します。これは、援助者と相談者との間に結ばれる援助関係の基本的原則を体系化したもので、バイスティックの主張は、人間誰しもが基本的にもっている欲求が、主体性を生み出す根底であることに着目して展開されている点に特徴があります。

①個別化の原則（相手を個人としてとらえる）

援助者は保護者から相談を受けると、抱えている問題の一般的傾向をつかもうとするあまり、その人個人も型に当てはめてとらえがちになります。しかしいうまでもなく、それぞれの保護者で、生育歴や生活体験、価値観などは異なり、たとえ同様の立場、同様の悩みを抱えていたとしても、その問題状況も問題の受けとり方・感じ方も違ってきます。したがって、相手を大勢のなかの一人としてではなく、その人はその人であり、かけがえのない一人の存在であるという認識をもって接しなくてはなりません。また、抱えている問題についても、一般的傾向に分類するだけでなく相談者固有のものとしてとらえ、決して先入観を挟んではいけないのです。この点については、面接技法のところでもふれています。

②感情表出の原則（相手の感情表現を大切にする）

相手の「心の壁」は、みずから怒りや悲しみを吐き出すことなしに取り払うことはできません。保育者には、相手がありのままに感情を表出できるような安心感をもってもらうこと、信頼関係を築くことが役割としてあります。またそれと同時に、相談者自身が表出した感情にゆとりをもって向かいあい、見つめ直せるように導いていくことも、援助者に求められる役割です。

③統制された情緒的関与の原則（援助者は自分の感情を自覚して吟味する）

援助者にとって、相談者と共感関係を築くことは大切なことです。したがって、相談者の考えに同意・同感できる点についてはしっかりと相手に伝えておきます。ただし、相談者の感情に巻き込まれるようなことがあってはなりません。援助者には、常に冷静な判断と、自己の感情をコントロールすることが求められます。

④受容的な態度の原則（相手を受けとめる）

援助の土台にあるのは、人間のもつ無限の可能性への深い信頼と期待です。個人的な事柄を話そうとする場合、相談する相手が自分をどのように受けとめているかに人は敏感になるもので、自分を受容してくれていないと感じる相手には、決してありのままを語ろうとはしません。相談者自身と抱えている問題について、まずはあるがままに受けとめることなしには、相手に接近することはできないと認識しておいてほしいのです。

⑤非審判的態度の原則（相手を一方的に非難しない）

相談者に対して援助者としての意見を述べる場合は、批判的・審判的な態度や言い方をしてはなりません。他者からの批判や審判を受け入れるということは、それを受け入れることのできる素地と力が相手に備わっていなければ有効なものにはならず、ただ、自信や展望を失うだけになってしまいます。批判的・審判的態度を控えるのはそのためであり、放任とは異なります。援助者には、相手がみずから変わることができるよう、一方的な価値観や考えを差し伸べるのではなく、必要な情報提供などを行いながら導いていくことが求められます。

⑥自己決定の原則（相手の自己決定を尊重する）

人は、自分で物事の決定を行ったときにこそ、大きな力を発揮するものです。特に、自分を変え、環境（人）を変えていくような人生の大切な節目に自己決定がなされなければ、前に進むことはできません。したがって、援助に負うところが大きい場合であっても、相談者が「自分で決めた」と自覚できるように、決定の最後の「切り札」はわたしておかなければならないのです。その際、援助者は、相談者が熟慮して自己決定ができるよう、十分な話しあいと適切な情報提供、また、くだされた決定が相談者にとってよいものとなるのかの見極めを行うことです。

⑦秘密保持の原則（秘密を保持して信頼を醸成する）

秘密保持は専門職の倫理であり、相談者の基本的人権の尊重にかかわる重要な原則です。特に、相談援助をとおして知り得る利用者の情報は、きわめて個人的な内容を含むものであり、相談者にとっては、どのようなことがあっても、決して他者には知られたくないものです。秘密とは、断片的に伝えられたものであっても、誤解やうわさを生んでしまう場合があります。

こうした秘密や情報のもつ特徴を十分に認識したうえで、援助を始める前には必ず、相談者と秘密保持の原則を確認し、チーム労働の観点から第三者に話す必要が生じた場合には、その必要性や意味について十分に説明し、合意を得ておかなければなりません。

保育者に求められる社会的責任

相談援助を含む社会福祉援助は、他者の人生や生活に深くかかわるために、特別なむずかしさが伴います。生活のしかたや考え方は、性別や年齢、地域や文化的差異、生きてきた社会背景によっても異なります。これは保護者だけでなく、保育者の側にもいえることです。つまり、保育者の有する知識や技術・技法と人間性によっても、問題の解決方法や方向性は多様になり、保護者の人生や生活に与える影響も異なってくるのです。相談援助を始める前に、保育者には、科学性、人間性、高度な倫理性、つまり社会的な責任が求められることを今一度認識しておいてほしいと思います。

相談援助を含め社会福祉援助の基底にあるものに関して、簡単にふれておきます。

第一に、人間は、それぞれのライフステージに直面する課題に主体的に取り組むことをとおして多くを学び、人生にその課題を意味づけていくことで成長するという認識です。

第二に、生活の主体は、あくまでも当事者本人であるとの認識です。援助を必要とする人々は、時として頼りなく、無力に見えてしまうことがあります。しかし、乗り越えていくべき課題は当事者のものであって、援助者、つまり保育者のものではありません。相談援助を含めた社会福祉援助の全過程において、保護者の主体的な参加が促進されてはじめて、問題状況の明確化と問題の解決・緩和は可能となります。

第三に、援助は常に保護者にとって、社会的に公正なかたちで提供されるべきものとの認識です。保育者が提供する援助や専門性は、所属している機関や施設の理念、事業の運営方針に大きく規定され発揮されるものであることからも、保育者が所属している機関や施設の運営が、民主的なかたちでなされていることも不可欠の条件です。

第四に、保育者には、社会的責任とそれを具体的に実現していく倫理的行動が常に存在していなければならないとの認識・自覚があります。職業倫理には、個人情報に関する守秘義務やプライバシーの保護、保護者の利益の優先などが含まれますが、いずれも援助者として保育者が学習しておいてほしい点でもあります。

そして、最後に忘れてはならないことは、保育者としての責任とともに、限界性もあるという認識です。これは、手を尽くせば問題の解決をあきらめてもよいということではなく、援助者としての無力さを知っておくことも大切であるということです。また、これは同時に、保護者、関係者のもつ力や可能性を信じることでもあります。援助の過程では解決されなかったものも、時間が経つなかで状況や環境が変わっていったり、保護者の考え方や行動にちいさな変化が生じたりして、徐々に事態が動き出すことがあります。また、援助する側も実践を積み重ねることで、より多様な解決の方法を得て、次の援助につなげていくことができます。一つひとつの事例を、もっと大きな時間軸のなかでとらえていくことも大切です。

個別事例をとおして援助のあり方を考える

事例❶
生活困難・不安定な家庭への援助

これまでは、相談援助の一連の流れと、そこで保育者に問われてくる知識や技術、技法などについてお話ししました。これからは、具体的な事例をとおして、改めて相談援助で大切にしてほしい視点や姿勢などについてお話しします。

1……保育園入園までの経過

家族構成は、母親二五歳、長男三歳、長女ゼロ歳の三人暮らしです。一昨年、父親が職場の同僚とうまくいかないなど、人間関係を理由に仕事を退職。その後、定職に就かず、一日中家でごろごろして過ごすようになり、妻から生活費を取りあげてはパチンコや競輪などの賭けごとに興じるようになりました。妻は生活費の工面に困って、消費者金融から借金をするようにもなり、夫婦げんかも増え、夫が暴力を繰り返すようになったことから夫婦関係が悪化し、数か月前に夜逃げ同然に実家のあるA町へ転居してきました。母親と子どもは実家の近くにあるマンションに住み、保育園を探しますが、希望する保育園には定員を理由に入園を断られ、自宅からは少し遠いB保育園に入園することになりました。

母親は人材派遣会社に登録して働き始めましたが、六時間のパート勤務では経済的にも生活はきびしく、パートに加えて週二回、夜間にスナック勤めをするようになりました。

子どもたちの保育園でのようすは、三歳の長男はなかなか集団になじむことができず、保育園に行くのを嫌がり、他児とのけんかで相手を叩いたりしてしまうことも多く見られました。また、偏食も多く、栄養の偏りが心配されました。ゼロ歳の長女は喘息があり病気がちで、何度か母親が仕事を休まざるを得ない状況がありました。

2……保育園での支援

長男の保育園でのようすから母親との面接が必要と判断し、保育者から声をかけ、話を聞く場を設けました。数回にわたる面接をとおして、母親が母子家庭になったことで今後の生活に強い不安を感じていること、子どもを保育園に預けることもはじめてで、とまどいがあること、子育てに対しても自身の未熟さを感じて自信をもてずにいることなどがわかってきました。

子どもとの関係については、お迎えの時間に比較的時間が取れることから、担当の保育者がその日の子どもの姿をきちんと伝え、他の保護者ともかかわりをもてるようサポートし、子育ての悩みをわかちあったり、子どもとの接し方を学んでもらえるようにしました。長女の喘息についても、病気だけでなく、生活や発達も含めてアドバイスがもらえるような病院を紹介し、母親も主治医に対し信頼を寄せ、現在も通院を続けています。長男の他児を叩いたり蹴ったりする行為については、職員間で何度も話しあいをもちました。そして、行為の背景には、必ず相手を求めていたり要求があったりすること、一方で、相手を気遣ったり謝ったりする姿勢も見られることがわかってきました。母親には、忙しい一日のなかでも、子どもがお母さんに甘えられると感じる「余裕」を見せてあげてほしいと話しました。

週二回の夜のスナック勤めについては、子どもたちがぐっすりと眠っていること、祖母がようすを見にきてくれるとのことから、当面は目をつぶることにしました。保育園側としては、夜の仕事のある日は、子どもたちがしっかり食べ、ぐっすりと眠れるような保育内容を心がけました。

父親（夫）とは、二人で話しあえる状況にないことから、家庭裁判所での調停の方向で話を進めることになりました。消費者金融からの借金については、実家の協力も得て解決の目処を立てることができました。この点では、長女のかかりつけの病院の相談室で、月に一回実施されている弁護士の相談日に母親が出かけて行って相談にのってもらったり、病院のソーシャルワーカーからのアドバイスも受けたりすることができました。

以上のような経過を経て、現在では他の保護者にも励まされながら、母親も少しずつ子育てに自信がもてるようになり、仕事の面でも知人の紹介で転職をし、正社員として採用されたことから、夜の仕事に行かなくても、なんとか親子三人での細々とした暮らしができるようになっています。

3……事例についてのコメント

この保育園の対応のすばらしい点は、子どもの保育園での発達課題に対応するだけでなく、親の生活問題・生活困難についても視野に入れた働きかけを行っていることです。保育園で対応しきれない点についても、母親が信頼を寄せている長女の主治医や病院の相談室、ソーシャルワーカーと連携・協力し進めたことで、問題の解決・緩和を大きく前に進めることができています。また、親の生活を受けとめながら、他の保護者との接点を意識的に設けたり、保育内容をくふうするなど、きめ細かい配慮もなされています。

こうした対応ができた要因には、まず、子どもをとおして垣間見えた家族の抱える問題の核心をつかむために、生活のようすを詳細かつリアルに聞きとるなど、ていねいな面接がなされたことがあげられます。そこで、母親の現在の生活への理解を進め、必要とされる社会福祉の制度やサービスの活用へと的確につなげています。こうしたきわめて個人的な生活への援助は、保育者と保護者との深い信頼関係なしには実現しません。これは日々の保育実践をとおして築かれてきたものでしょう。

生活問題のなかでも、経済的な事柄は生活全体に重くのしかかるものです。事例の母親の場合も、借金問題の解決が不安を和らげ、気持ちを前向きにするきっかけになったと考えられます。弁護士から専門的なアドバイスを得られたことは大きいでしょう。こうしたアドバイスそのものは保育者の専門外です。しかし、家族を見守る新しいサポートにつなげていくことは重要な役割です。保護者の生活のどこをどのように援助すれば、子どもも母親も安定した生活を切り拓くことができるのかというところに目標をおき、母親自身が問題を解決する主体として成長していけるように、保育者として寄り添いながら援助を展開していくことができた事例といえます。

4……援助のポイント

●想像力の発揮と必要な知識

子育ての不安やそこにある支援の必要性を具体的かつ明確に表現できる人はいません。相手から「助けてほしい」と、直接ことばとして受けとることはむずかしく、そこには保育者の観察力や注意力、想像力がおおいに求められます。

たとえば、子育て支援事業のなかで出会う保護者には、夫は仕事が忙しく、ほとんど毎日、日中を子どもとだけで過ごす人もいます。自分のなかにある漠然とした不安や苛立ち、体の不調を誰にも話せず、孤立を深める保護者に唯一接しているのが、保育者だけという場合もあるのです。したがって、保護者と向かいあったそのときに、保護者の表情や姿勢、発することばや子どもへのまなざしから支援の必要性を判断しなくてはなりません。

こうした潜在化している支援のニーズを発見することは大変むずかしいことです。ただ漫然と保護者の話を聞いているだけでは、何も見えてはきません。保護者の言動に注意を傾け、その生活や思いを想像し、意識的な働きかけを行うことです。もう少し平たく考えれば、「今、この人はどんなことばかけを待っているのか」「私（保育者）にどうしてほしいと思っているのか」といった視点をもってかかわると、ことばかけも違ってきます。こうして相談援助はスタートしていくのです。

保育者の相談援助における役割は、保護者の生活実態と問題を浮かび上がらせ、これからの生活課題について、ともに整理していくことにあります。窪田暁子は「一人の人間が、自分の人生の主人公として、どのような目標をもって、どれほどの意欲をもって生きているのかということは、その生活の多面性にもかかわらず、くっきりと存在している。そこをみて、それを中心にして生活を支える仕事をしないと、私たちの援助は容易に『生活管理』とよばれる不当な干渉になってしまう」と述べています[3]。一時的に無力化された個人や家族の力をどのように強めて、主体的な行動の可能性をどのように取り戻してもら

3
窪田暁子「家族と家庭生活への援助」人間発達研究所編『青年・成人期障害者の発達保障１　生活と人格発達』全国障害者問題研究会出版部、1987年、68ページ

うのかが、相談援助のめざすところなのです。

●困難をともに乗り越える姿勢

よりよい援助関係を構築するためにもっとも基本的で重要な原則は、誠実に相手にかかわろうとする姿勢であり、相手を思いやるということです。加えて、困難をともに乗り越える姿勢を示すことも大事です。鷲田清一は、コミュニケーションについて述べた文章のなかで「他者理解とは、他者と一つの考えを共有する、あるいは他者と同じ気持ちになることではないことだ。むしろ、苦しい問題が発生しているまさにその場所にともに居合わせ、そこから逃げないということだ」と述べています[4]。保育者はしっかりとありのままの保護者を受け入れなくてはなりません。受け入れることができなければ、他者を理解し、かかわっていくことなどできないのです。そして、相手を受け入れる余裕とは、自分自身に余裕やゆとりをもつことから生まれます。自分のことでいっぱいいっぱいになっていると、相手を受け入れるような心のスペースはありません。そしてつい、自己中心的な考えや狭まったものの見方しかできなくなってしまうのです。まずは、自分自身の感情や考えを理解しておくことです。

また、他者の生活を支援する保育者には、鋭い人権感覚と人間への限りない信頼も求められています。私たちが自律的に人生を切り拓き、新しい自分を迎え入れる力を有するように、保護者も困難に遭遇し、落胆や悲観に暮れながらも、必ず新しい生き方を見つけ、柔軟に生活を切り拓いていく力を有していると信じ、そこに希望をもつことが援助の支えになるでしょう。

4
鷲田清一「哲学で脳とこころを鍛える」『いきいき』8月号、ユーリーグ㈱、2007年、119ページ

事例❷ 子どもの発達に悩む保護者への援助

次に、子どもの発達のつまずきに悩む保護者に対する相談援助の事例を取りあげます。

1……保育園入園までの経過

家族構成は、母親三〇歳、長男五歳、長女四歳の三人暮らしです。長男には軽度の自閉的傾向が認められます。長男が二歳のときに保健所の保健師から「集団生活に早めになじんでおいたほうがよいのではないか」とのアドバイスを受け入園してきました。入園後の長男は、集団に入ると不安を感じて、奇声を発するなどの行動が見られ、他の園児となかなか空間をともにすることができず、言語面での発達も遅れているように見受けられました。

入園から二か月が経ったころ、突然、保育料が支払えないことを理由に、母親が退園を申し出てきました。保育園として力になれることはないかと何度か話しあいをもったものの、母親の意向は変わらず、結局三か月になる前に退園しました。

しかし、退園から約一年後の六月に、再度母親から入園の相談がありました。一年前の退園時に「どんなことでもいいから、何か困ったことがあったらいつでも相談に来てほしい」と保育者に言われたことを覚えていてくれたそうです。入園の希望理由は、母親の就労と育児による疲れ、特に長男への育児不安があげられました。改めて家族の状況を聞いてみると、子どもの父親とは長女が生まれる前に離婚しており、養育費は支払われていないこと、現在は実家で生活し、これまでは金銭的な援助も受けてきたが、両親も年金生活になったことから、援助がむずかしくなり働く必要が出てきたということでした。

長男の入園する三歳児クラスには、すでに障がいのある子どもが三名措置されており、途中入園には発達のつまずきなどの課題を抱えた子どもに対する保育士の配置が認められないこともあり、クラス運営には多くの課題がありました。長女については、二歳児クラスに空きがあったため、同時に入園することになりました。

2……保育園での支援

三歳で入園した長男は、一年前と同様に集団生活へ強い不安を感じており、一日中、動き回ったり奇声をあげたりして、保育者が常についている必要がありました。言語面の発達は、おうむ返しが中心で対話にはならず、やはり遅れが見られました。人となかなか目を合わせられなかったり、表情も乏しいことから、軽い自閉的傾向があると思われましたが、はっきりとした診断はついていません。

長男のこうしたようすや成長について、母親は不安ととまどいを隠せないようすでした。長男の行動にどう対処したらよいのかわからず、苛立っているようすも見えます。

また、周囲の人、他の親や近所の人からどのように見られているのかということを気にしているようでもありました。そのために、家族以外の人とはあまり接することがなく、保育者の働きかけにも積極的にかかわりをもつというよりは、うつむき加減にことば少なめに答えるだけでした。

それでも日々の母親とのやりとりから、長男の発達に対して大きな不安を感じていることがうかがえたため、専門的な相談ができる機関として児童相談所を紹介しました。初回の相談には、母親の希望もあって担当保育士も同行しています。また、日々の保育のなかで得られた長男のようすや好き嫌いといったちいさな情報も細かく母親に伝え、着実に成長し、変化している実感をもってもらうこと、少しでも母子が笑顔で過ごしてもらえるようにと努めました。

その後、母親は児童相談所の相談員をとおして長男の発達の状況や遅れから生じている行動などへの理解が深まったことや、保育者という子育てのサポーターを得て、少し距離をおいて子どもを見守る余裕をもてるようになったことから、子育てに対して、前向きに向きあえるようになってきました。そうした母親の変化を見て、保育者から発達課題を抱える子どもを対象にした育児教室への参加を勧めたところ、長男を連れて積極的に参加するようになり、同じ悩みや不安を抱える他の親とも交流を深めています。同様に、地域の行事にも、長男を含め家族で参加するようになりました。

現在、長男は五歳になり、認知面や言語面の発達は二歳半程度の段階になるものの、集団のなかでも落ち着いて過ごせるようになっています。時折、発達的にもっている力以上の力量も見せてくれます。そうした姿に、母親も子育ての自信を取り戻すことができています。

3……事例についてのコメント

この事例のように、発達のつまずきや障がいのある子どもを育てる保護者への相談援助でもっとも重要な姿勢は、子どもへの働きかけだけでなく、保護者自身がそのことを一人で抱え込まないよう援助するということです。

事例の母親は一度保育園を退園し、再び相談相手としてこの保育園を選んでいます。退園時の保育者の声かけを、母親が覚えていてくれたからです。もちろん、保育者には、在園児だけでなく、地域に住む子どもと保護者すべてが援助の対象であるという視点があります。入園後に展開された相談援助でも、母親の不安に寄り添い、少しでも緩和できるようにと働きかける保育者の姿勢があり、そのことによって、母親が子育ての自信を取り戻すという結果が生まれています。

子どもの発達は、個々によってさまざまです。特に、ゼロ歳から六歳児の成長や変化は日々目覚ましく、その姿は保護者の大きな喜びになるとともに、大きな悩みや不安の種にもなります。発達のつまずきの原因にはさまざまなことが考えられます。子どもの個性、なんらかの障がいや疾病、家庭での養育の状況などです。

いずれにしても、子どもの発達に対して、どのように受けとめているのか、どこまで理解しているのかといった障がい受容の程度はそれぞれの保護者によって異なり、抱えている不安や悩みも違ってきます。もちろん、障がい受容ができていないことを問題視してもいけません。受容できていたとしても不安や悩みはあり、バイスティックの原則でも述べられているように、それぞれの保護者を個人としてとらえる（三九ページ「個別化の原則」）ことが大切です。

4……援助のポイント

●子どものようすを保護者にていねいに伝える

子どもの発達のつまずきや障がいなどに悩む保護者へのアプローチには、以下のようなことがポイントになります。

まず、子どもの発達状況への理解です。わが子しか見ていないことも、反対に他の子どもと必要以上に比べてしまうことも、保護者の子どもへの理解をむずかしくします。子どもの発達に関する専門的な知識を学ぶことも必要ですし、わが子を他のおとな（保育者や他の保護者など）がどのように見ているのかということを知ることも理解を進めるでしょう。その意味でも、日々の保育実践のなかで知る子どものようすを、保護者にていねいに伝えていくことは大切なことです。また、発達のつまずきのある子どもの成長は、毎日一生懸命に向きあっている保護者には気づけないこともあります。保育者から伝え聞く子どもの姿に、着実な成長を実感できることも子育ての大きな助けになるでしょう。

●保護者同士の交流で孤立感を防ぐ

次に、他の保護者との交流の重要性です。事例の母親も育児教室に参加することで、子育てや地域社会に積極的にかかわるようになっています。発達のつまずきや障がいのある子どもと生活することの不安やむずかしさは、経験がなければ十分に理解できるものではありません。同じような状況にある他の保護者との交流のなかで、素直に自分の気持ちを吐露したり、励まされたりすることで、子育ての孤立感や孤独感を防ぐことができます。また、そうした状況にある子どもたちが今後抱えるであろう問題や、そのために今できることなどを経験者から学んだり、ともに考えることで、漠然としていた将来に対する不安も緩和されていきます。

以上のようなアプローチは、何度も繰り返しますが、保護者との確かな信頼関係なしには成立しません。事例では、児童相談所や育児教室、学習会といった社会資源の利用に際して、保育者から母親への勧めがスムーズに進んでいます。しかし、これはふだんのかかわりのなかで築かれた信頼関係によるものです。特に、子どもの発達に悩む保護者のなかには、子どもの状況を受け入れることができずにいる人もいます。そうした段階で安易に励ましたり、積極性を求めることは、反対に保護者の心を閉ざしてしまうことにもなりかねません。保護者の不安や意向、希望に耳を傾け、次の手だてのタイミングを図ります。

子どもの発達や成長に関して悩まない保護者はいません。保育者の側がその悩みをどのように考えるのかではなく、保護者はどのように受けとめているのかという視点に常に立ちながら、援助を進めていきます。

●人と人とをつなげ、支えあう関係をつくる視点

子どもの発達に悩む保護者に限らず、現代の子育ては非常に閉鎖的で、保護者も子どもも孤立しやすい状況にあります。そのようななかで、事例に登場したような、当事者が自主的に運営する育児教室や親の会、子育てサークルなどのグループの存在意義には、大きなものがあります。

一つ目は、グループを構成するメンバー一人ひとりに安定感をもたらすことです。つまり、孤立した個人ではなく、社会的存在としての自分をグループによって認められるということです。

二つ目は、人と人との関係づくりを学習できることです。子どもをとおして形成される人間関係は、学生時代の友人関係や仕事をとおしてのかかわりとも違うため、なかなか友だちができないと悩んでいる保護者は少なくありません。グループ活動への参加が、新しい関係づくりのきっかけになります。

三つ目は、グループ活動のなかで他者と助けあうことで、新しい自分を発見したり、自己の可能性を高めることにつながることです。いずれにしても、こうした当事者同士のつながりは、保育者を含む専門職とのかかわりをはるかにしのぐエネルギーを秘めています。

以上のような点からも、個々の保護者の相談に保育園との二者間で問題を解決・緩和していくだけでなく、新たに人と人とをつなげ、支えあう関係を意識的につくろうという援助の視点も必要です。

事例❸

園児の虐待が疑われたとき

子どもへの「虐待」とは、親または親に代わる保護者によって行われる身体的・性的・心理的虐待、放任・怠慢（ネグレクト）などの行為をいいます。こうした子どもへの虐待は年々増加の一途をたどっており、子どもをとおしてそれぞれの家庭と接する保育園の役割はますます高まっています。ここでは、典型的な虐待事例をとおして、そこで求められる保育園の対応を考えていきます。

1……保育園でのようすと虐待の発見

家族構成は、父親三六歳、母親二九歳、長男五歳、長女三歳の四人暮らしです。父親は長距離トラックの運転手をし、母親は長女が二歳になったのを機に近所のスーパーマーケットの職員として働き始め、二人の子どもは保育園に入園しました。長男はやんちゃな子どもで粗暴な言動が目立ちました。反対に長女は大変おとなしい性格の子どもでした。

保育園入園から半年ほど経ったある日の午睡の際、長女のパジャマの着替えを手伝った保育者が、両太ももからお尻にかけて何かで強く叩いたような腫れを発見しました。腫れは三か所に及び、また背中にも青いアザが二か所確認できました。お尻の腫れはまだ引いておらず触ると痛がったため、病院に受診しました。母親にも連絡を入れましたが、「大丈夫だから、放っておいてほしい」と言われました。病院の医師も虐待ではないかと疑いをもち、病院からも役所、児童相談所に通報がいきました。こうした状況に長女は動揺したのか、ひどく泣き出したため、そこでは本人には何もたずねませんでした。

2……虐待の事実の確認

夕方のお迎えの際、園長とクラス担当者とで母親との面談を行いました。

長女の傷について率直にたずねると、母親は思いのほか、あっけらかんとしたようすで事情を話しました。それによれば、長女の傷は、昨夜おしっこを漏らしたことに対して父親が腹を立て、その際、布団叩きの柄の部分で叩かれたものだということです。また、母親は叩かれた部分が今、どのような状況になっているのかも知らず、心配するようすも見られませんでした。

園長はまず、今回の父親の行為がしつけの域を超えるもので明らかに虐待であること、父親の虐待を見逃せば母親も同罪になること、長女の命にかかわる事態であり、保育園として見逃すことはできないことを、冷静にはっきりと告げました。母親は事態の深刻さに気づいたのか、時折涙ぐみながら、父親の虐待のようすを話し始めました。

父親の母親や子どもたちへの暴力は、仕事が変わって勤務時間が不規則になり、肉体的にも精神的にも強いストレスを感じるようになったころに始まりました。暴力の対象は今回確認された長女だけでなく、長男も同様でした。父親はそのときの機嫌しだいで大きな声で罵ったり、身体を物で叩いたり、足で蹴ったりするなど、こうした暴力は日常であるとのことでした。子どもたちが父親を怒らせれば、その責任を問われて母親にも暴力が及び、いつしか母親自身も子どもたちに無関心になっていたということです。

母親は、面談の終わりに、今日話したことが父親にわかればどうなるかわからないから内緒にしてほしいと懇願しました。しかし、クラス担当者は母親に「ここで毅然《きぜん》とした対応をしなければ、あなたや子どもたちの命が奪われてしまう。必ず力になるから目を背けないでがんばりましょう」と伝えました。

3……保育園、関係機関の対応

その日のうちに、保育園からも役所、児童相談所に虐待の通報を入れました。児童相談所から来園した担当者に、虐待の発見と母親の話を報告し、今後の対応の流れについても話しあいがなされました。即日、家庭訪問もなされています。家族の今後のあり方については専門機関である児童相談所に任せ、保育園は子どもと母親への支援にあたることにしました。

児童相談所が家庭訪問を重ねるなかで、長男がクラス内でトラブルになりました。ささいなことから友だちとけんかになり、その際、相手の子どもを叩いたり蹴ったりして泣かせてしまったのです。「危ないからそんなことをしてはダメ！」と制止する保育者に対しても、「うるさい！黙れ！」とわめき、クラスが騒然となりました。彼の粗暴な言動は明らかに家庭生活の影響から生じており、父親だけでなく母親にも甘えることのできない彼の心の叫びのようでもありました。そのことを保育園全体でふまえ、対応していくことにしました。

まず、両親そろっての面談を設けました。勤務明けの父親も駆けつけてくれましたが、事情を聞くと、「何をやってるんだ！」と母親に声を荒らげました。園長は父親に落ち着くようながしたうえで、父親の家庭での暴力が子どもの心までをも傷つけ、子どももまた暴力でしか自分の気持ちを相手に伝えられなくなっているのだと指摘しました。保育園での子どもたちのようすを伝えたり、父親の仕事の話を聞いたりして、わかりあえる部分を探ろうと試みましたが、自分の行為はあくまでもしつけであるとの認識を変えてはもらえず、話しあいは平行線をたどりました。

両親の面談から数日後、母親に家庭でのようすをたずねると、物を使って執拗《しつよう》に叩くなどの暴力行為は少なくなってきたとのことでした。しかし、怒鳴ったり、手で叩くといった行為がまったくなくなったわけではありません。保育園としては、唯一子どもたちが安心できる場所として、延長保育などで居場所を提供し、父親の仕事の時間を把握したうえで、入れ違いに帰宅させるなどの対応をとりました。母親については、事態の解決にあたって大きなストレスを抱え、思うように仕事に行くことができなくなり、育児にも支障が出てきたとのことだったので、心療内科を受診するようアドバイスし、現在通院しています。こうした事情も含めて児童相談所とは定期的に情報を共有しています。

4……事例へのコメント

虐待やネグレクトの要因はさまざまです。今回の場合は明らかな虐待の証拠があり、母親がそのことを認めたことで問題が表面化し、保育園や関係機関の連絡・連携が比較的スムーズにいきました。子どもの命にかかわる重大なこととして、保育園全体で問題を共有し、園長自らが表に立って対応にあたったことも、母親に事の重大さを気づかせる要因になったと考えられます。児童相談所や役所への通報義務も適切に果たされています。

虐待をする保護者へどのようにかかわっていくのかは、保育園だけではいかんともしがたいことです。事例の父親のように、保護者のなかには虐待の事実を認めない場合があります。「しつけだから」と暴力行為の原因を子どもになすりつけ、自身の不適切な養育態度を改めようとしない人もいます。保護者自身、暴力行為が悪いことだと本当はわかっている場合もあれば、本当にわかっていない場合もあるのです。

そうした加害者である保護者への対応や家族の今後のあり方（在宅での支援か分離かといった判断）は、児童相談所などの専門機関の判断の範疇《はんちゅう》であり、それよりも保育園がすべきことは、「子どもの命や生活を守る」ことに尽きます。虐待によって受けた心身への影響や問題の解決にともなう家庭内の変化によるストレスなど、子どもの健やかな発達と生活のために、その変化に気づき、受けとめることが保育者の役割です。

子どもの最善の利益を守るためには、その養育者である保護者への支援も必要になってきます。事例の母親は、父親による子どもたちへの虐待を見逃してきた経緯がありますが、問題の解決に向かって一歩を踏み出しました。

5……援助のポイント

ここで大切なのは、保護者を叱責し指導することは、保育者の仕事ではないということです。前述したように虐待の要因は、さまざまかつ複雑です。行為そのものは直ちに正されるべきことではありますが、加害者の本当の姿はそう簡単には見えてはきません。その構造を知るには、さまざまな角度から時間をかけて見ていくしかないのです。たびたび述べているように、保育者には保護者に寄り添い続けてほしいのです。そうすることでしか確かな信頼関係を築くことはできませんし、それはつまり、子どもの命を守るということにもつながっていくのです。

虐待の事実が発覚した際、子どもを含む家族はそのことを隠そうとする傾向にあります。子どもも保護者と引き離されることを恐れて、かたくなに事実を認めようとはしません。そうした子どもたちのようすを見ると大変心が痛みます。しかし、家庭への社会的介入を行う意義は、一つは子どもの命を守ることであり、もう一つは、一日でも早く虐待のない家庭に子どもを復帰させることにあります。つまり、家族が社会からの孤立を強め、閉鎖的な状況に追いつめられることを防ぐことができるのです。虐待か否かの判断がつきにくい状況もあるでしょう。他人の家庭のことにどこまで踏み込んでよいのかと迷う気持ちは理解できます。しかし、その判断は児童相談所などの専門家がすべきことです。勝手に判断せずに、気になることがあればどんなにささいなことに見えてもまずは連絡し、情報を入れておきます。

悲しいことに、保護者による子どもへの虐待はめずらしいことではなくなってきていま す。日々、子どもに接し、そのようすをつぶさに知る立場にある保育園の役割も大きく、責任もともないます。子どもたちからのＳＯＳのサインを見逃さないためにも、この点に関してはもっともきびしい目をもってあたらなくてはなりません。そしてまた、保護者からのＳＯＳのサインにも気づいてほしいのです。

〈バチン！　ある時、じっとしていないお尻に手がいった。何かが崩れた気がした。それからだ。糸が切れたようにたたき、怒鳴り出した。苦しくて、長男を連れてベランダから飛び降りようとしたこともある。だれかに止めてほしかった。（「私も子どもも助けて。とにかく助けてほしかった」二〇一〇年一〇月一四日朝日新聞記事より）〉

毎日、わが子以外に接する人がいなかった母親。夫も含めて孤立無援のなかで、それでも「お母さん」にならなくてはと、ひたすらがんばった結果でした。虐待をする保護者のすべてが特別な人のわけではありません。さまざまな要因や状況があって虐待に至ってしまった場合もあります。保育者も、そしてすべての保護者も、社会も、虐待はどんな人にも起こりうる問題だと知り、そうならないために何ができるのかを考えていくことが大切なのです。

事例❹

保護者自身が疾患を抱えているとき

いつも表情が硬く話しかけても返事がない、感情の起伏が激しく気持ちが安定しない、何度となく話をしても伝わらない――保護者とのなかなかかみあわないコミュニケーションにとまどう保育者はたくさんいます。ここでは、保護者自身がなんらかの疾患や障がい（たとえば、軽度の知的障がいや発達障がい、精神疾患など）を抱えている場合について、保育園の支援のあり方を考えます。

1……保育園入園までの流れと入園後のようす

家族構成は、父親四〇歳、母親三三歳、長男五歳の三人暮らしです。父親は地元の高校を卒業後、家電販売店に正社員として勤務していた二三歳のときに、「非定形型精神病」と診断され、そのことが原因で退職しました。その後は、入退院を繰り返しながら飲食店などを転々とし生計を立てていましたが、現在は無職です。母親は二五歳のときに父親と結婚し、四年後に長男が誕生したのを機に仕事をやめています。

母親自身も産後のストレスや経済的不安から、精神的に不安定になり精神科を受診し、「統合失調症」と診断されています。母親のようすを見て、出産直後から保健所の保健師がたびたび家庭を訪問していたことから、長男は一歳を前に保育園に入園することになりました。

入園後も両親が入退院を繰り返すという不安定な家庭環境にありましたが、長男に発達や発育の遅れは見られていません。しかし、近隣に祖父母や親戚などの頼れる存在はなく、夫婦二人だけの子育てのため、長男の生活にはさまざまな弊害が生じています。両親ともに子どものことは大切に思っていて、できる限りの努力をされてはいるものの、心身の状態によっては、食事がコンビニのお弁当やパンだけなど偏りがちになったり、掃除ができず部屋が散乱し、寝食の区別もつきにくい環境になったり、子どもに寒暖にあった衣類を用意したり、爪切りや耳掃除をするなど細かいことまで行き届かないといった影響が出ています。また、アトピーのある長男の皮膚科への通院がままならないこともあります。

両親の入院時には遠方の母方の祖母に預けられ、行ったり来たりの生活になります。特に、甘えたいときに両親のどちらかが不在であった時期には、保育園でも在園児へのかみつき行為などの影響が見られ、両親に対しても反抗的な態度で、叩いたり蹴ったりするようすが見られます。

さらに、現在は両親ともに就労しておらず、障害基礎年金のみで暮らしているため常に生活はきびしく、特に母親はそのことに強い不安を感じています。これまで家計を管理していた父親が、生活費が足りないときにつくった借金も抱えています。

2……保育園・地域の支援

出産直後から母親の不安定なようすを気にかけた保健師が援助に入っており、長男の入園や経済的な支援など、専門的な援助にスムーズにつなぐことができています。具体的には、地域生活支援センター（相談支援事業所）のソーシャルワーカーを通じて、日常生活自立支援事業（障がいなどで判断能力が不十分な人が地域での自立した生活を営むための福祉サービスの利用援助等を支援する事業）やホームヘルプサービスなどを利用していま す。また、経済的な不安定さが母親の精神的ストレスにつながっていることから、生活保護の申請が検討されており、借金問題についても福祉事務所が解決に動いています。

保育園では、両親を担当するソーシャルワーカーから両親の障がいや今後の支援についての説明を受け、勉強会を設けました。家族の日々のようすをソーシャルワーカーや保健師と継続的に連絡を取りあい、その状況にあわせて長男への支援のあり方も見直していま す。前日や当日の食事内容やお風呂の有無などを母親から連絡帳で伝えてもらい、必要があれば対応します。爪切りや耳掃除など細かいところにまで目を配るようにし、両親の入院時など、特に長男が不安定になるときには、長男の信頼する職員がじっくりとかかわることができるように配慮するなどしました。アトピーなどを含む疾患から服薬が必要な場合には、医師に相談のうえ、できるだけ保育園で管理できるようにもしています。

また、母親に対しては、お迎えの際にできるだけ声をかけるようにしています。ただし、用件はことばだけでなく連絡帳を活用し、文字にすることでわかりやすく伝わるようにしました。そのことで母親も、今、優先して子どもに必要なものやことがわかるようになり、長男の両親への要求も伝わるようになったことで、親子関係も良好になってきています。

3……援助のポイント

●障がいの特性を理解し、保護者との関係づくりを進める

障がいや疾患をもつ保護者への支援で大切なことは、まず、その障がいの特性を正しく知っておくことです。入園する子どもの保護者に障がいや疾患がある場合は、勉強会を開くなど、その特性について職員全体で知り、共有しておきましょう。

障がいや疾患の種類や程度によってその特性は一様ではありませんが、円滑なコミュニケーションが苦手な場合が多く、そのことで保育者や他の保護者とトラブルに発展したり、一方的に不信感や被害感情を募らせてしまったりすることがあります。具体的には、「相手の気持ちや立場に立って考えられない」「相手の表情や言い方、ニュアンスから相手の真意を察せられない」「場の空気が読めない」「ことばを字義通りに受けとってしまう」「こだわりが強い」「何事も否定的にとらえてしまう」などのコミュニケーションのむずかしさがあります。したがって、どのような言い方や伝え方が相手にとって有効なのかを見極め、行き違いや誤解を生まないコミュニケーションを模索する必要があります。たとえば、事例の母親も、お迎えの限られた時間のなかで保育者から伝えられることを、その場で十分に理解し行動に移していくことができなかったため、伝えたいことは簡潔かつ明瞭に連絡帳に記載する方法に変えています。また、なるべく一度に多くのことを求めないようにくふうしたことで、より母親が課題を実行しやすくなりました。

コミュニケーションが苦手な点でいえば、他の保護者とのかかわりにおいても保育者の

支援が必要になるでしょう。行事等で保護者同士がいっしょになる機会では、そうした場にいることがストレスになることもあります。さりげなく、間に入ったり、孤立感を強めないような対応が求められます。

●安易な返答や否定的表現は避ける

障がいや疾患のある保護者への対応のしかたで注意する点は、まず、相手からの訴えや要望について即答できない場合は決して安易に返答してはいけないということです。あいまいさや不確かさの残るやりとりでは、「言った」「言わない」の水掛け論に発展し、保護者との間に決定的な溝をつくってしまうこともあります。「今日お聞きした内容については、主任保育者と相談のうえ、明日までに責任をもってお答えします」といった対応がよいでしょう。また、保育園として「できること」「できないこと」は明確に伝えておくことも大切です。個々の保育者によって対応にばらつきがあると、応えてもらえなかったときに保護者に不信感が生じてしまいます。したがって、支援の内容は、保育園全体で一貫させておきましょう。

子どもの養育などで保護者にたずねる場合は、相手が受けとめやすい聞き方を心がけます。障がいや疾患による「生きづらさ」に加えて、自分の子育てにも自信がもてず、養育の不適切さに気づいている保護者にしてみれば、保育者からの「助言」や「アドバイス」は、ときに、叱責されているように感じることがあります。自分のすべてを否定されてしまったかのように受けとってしまい、障がいや疾患が悪化する可能性も考えられます。たとえば、「〇〇はしないでくださいね」という否定的な表現は避け、「△△してみてください」といった肯定的表現を用いると、保護者は比較的抵抗感なく受けとめることができるでしょう。また、家庭でのようすをたずねる場合でも、「おうちではどのようにされていますか」といった、保育者の側から教えてほしいといった姿勢で聞いてみるとよいでしょう。ある程度信頼関係が築けたときには、保護者自身にどのようなことに困っているのか、どのような支援が必要かを率直にたずねてみるのもよいでしょう。必要であれば、保護者本人の了解を得てから家族に連絡を取り、家族の力を借りることも大切な援助のきほんです。

●複数の目で見て判断すること

一方で、保育者を悩ます問題として、かかわりづらさを感じるものの、はっきりと障がいや疾患があるとわからない場合があります。たびたび他者とトラブルになったり、こちらの言っていることが伝わらなかったりといったことで、対応する保育者が疲弊してしまうのです。

そのような保護者への対応が必要な際には、まずは一人で結論を出す前に、必ず他の保育者にも相談し意見を聞いてみることです。つまり、複数の目で見て判断することが重要です。気がかりなことは、他の保育者も同じように感じていることがあります。そのうえで、障がいや疾患が関与しているのではないかと思われる場合には、専門家へアドバイスを求めてみるのもよいでしょう。そして、専門家の意見を仰ぎながら保育者として可能なサポートのあり方を考えます。個々の保育者の判断と対応ではなく、チームとして情報を交流し方針をもって対応することです。チームによる安定した支援によって、保育者が保護者の抱える問題に巻き込まれたり、振り回されたりすることを防ぐことができます。

障がいや疾患を抱えた人には、さまざまな困難や問題が付随して起きてきます。子育てだけでなく、経済的な不安も家族を含む人間関係も自分自身の健康も、常に頭を悩ます問題です。そのようななかで、子どもの成長や笑顔は、どのような保護者にも変わらず宝物です。そのことに共感し、寄り添えることのできる保育者の存在は、保護者にとって大きなものです。

確かに、どこまで支えればよいのか、どこまでつきあえばよいのかといったジレンマを感じる場面も少なくないでしょう。もちろん、保育園がすべきでないことやできないことは断ってよいのです。保護者も、身近な存在にある保育者に甘えがちになるということはあります。重要なのは、子どもの健やかな発達や成長のために必要な支援であるかどうか、という視点です。

子育てサークルを育てるための保育者の役割

子育てサークルとは、地域に暮らしている就学前の子どもと保護者が参加する自主的なサークル活動をいいます。多くは、保育園や児童館、社会福祉協議会、保健センターなどのサポートのもと運営されており、保護者の子育てを支える地域の重要な社会資源になっています。ここでは、子育てサークルの意義と、それにかかわる保育者の役割についてふれていきたいと思います。

子育てサークルの意義

現代の子育ては、社会や地域から孤立したかたちで行われているといわれており、そのことが子育て困難や虐待などの問題でも要因として指摘されています。かつては、目に見えるように地域社会は存在し、そのなかで、親子同士がつながりあい、子育てをしてきました。しかし、隣近所とのつきあいですら薄れてきた今、自然に親子同士が出会う機会や場はあまりありません。子どもにあそびなかまがいて、その親にも子育てなかまがいるのであれば、それにこしたことはありません。しかし、そういう状況にない場合、親子は孤立してしまうのが現実です。そうした部分を補うかたちで、子育てサークルの担う役割は大きな期待をもたれています。

子育てサークルの意義はいくつかあります。一つは、同年齢の子ども同士があそぶ場になるということです。昔と違い、子ども同士も自然と出会う場が少なくなっています。その要因には、住宅事情や道路状況、少子化などさまざま考えられますが、いずれにしても意図的にそうした場を設けなければお友だちをつくることもむずかしいのが現実です。

このことは、保護者にとっても同様です。子育てサークルに参加し、子どもではなくおとなと会話することは、日中、子どもとだけで過ごす保護者にとっては思っている以上に気晴らしや息抜きになるものです。また、子育てサークルは子育てに関する情報交換の場にもなっています。どこそこの病院がいいとか、どこのお店の子ども服が安いとかいったものから、予防接種や健診、行政が実施する子育て相談など、公的なサービスの情報まで保護者が豊富な知識を得ておくことは、子育ての大きな助けになります。

さらに、他の親子のようすを垣間見ることができるのも、子育てをする保護者にとって大切な経験です。そこで子どもとのかかわり方を学んだり、子どもの成長を実感できたり、さらに子育ての不安や悩みを打ち明けあったりすることで、自分の子育ての自信や手応えを得ることにもつながっていきます。

このように子育てサークルをとおして生まれた親子同士の出会いが、さらに大きな地域社会を築いていくようにもなり、より豊かな地域の子育て文化を育むことにもつながるのです。

子育てサークルにおける保育者の役割

子育てサークルは、保護者の自主的な活動であることが前提です。しかし、保育者のサポートは欠かせません。保育者がかかわっていることで、子育てサークルはすべての地域の親子が自由に参加できるものになります。つまりこれは、子育てサークルが単なる仲よしグループの集まりになってしまわないということなのです。保育者の存在が、子育てサークルもフォーマルな社会資源の一つであるという意識を参加者にもたせ、そのことが協同の雰囲気を醸成し、排除や孤立、競争を退けるのです。

では、保育者の子育てサークルにおける役割とはどのようなものでしょうか。

第一に、子育てサークルの組織化があります。子育てサークルがどのように発生したのかは個々のサークルによって違います。ある仲よしグループを中心に、参加者の輪が自然に広がってできたものもあれば、保育園の側で子育てサークルを立ち上げ、そこにたまたま参加してきた保護者を中心に進められてきたものもあります。いずれにしても、子育てサークルには中心になって運営を進める世話役が必要であり、その役目をどの保護者に担ってもらうのかが組織化するうえで一番の課題になります。もちろん、世話役の選出は保護者同士の話しあいで決められることが重要です。

しかし、世話役には少なからず負担がかかることはいうまでもなく、お互い譲りあってなかなか決まらないこともあります。そのような場合、保育者の側から名指しするようなことは控えるべきですが、それぞれの保護者の適性を見て声をかけたり、世話役になる人の負担を減らすような運営の方法をいっしょに考えたりしていくことは保育者の役目といえます。また、その後の運営でも、世話役とは連絡を取りあい、その労をねぎらったり、相談にのったりするなどサポートは欠かさないようにしましょう。世話役の選出は、立ち上げだけでなく、代替わりや急な都合によって世話役が不在になったときも行われます。

第二に、子育てサークルの円滑な運営への支援です。子育てサークルの運営には、①活動場所の確保、②行政との手続き、③活動に必要な備品等の確保、④活動内容の決定、⑤参加者との連絡・調整（講師を招聘《しょうへい》する場合も含む）、⑥会費等の徴収や管理などがあります。これらは、専門的かつ豊富な知識なしにできるものではなく、この点に関する知識の提供やアドバイス等が保育者の役割といえます。さまざまな用途にあった会場のリストや領域別の講師名簿を用意しておくなど、保護者からの要望にすぐに応えられるようにしておきましょう。

第三に、子育てサークルの相談役としての役割です。子育てサークルは保護者の自主的な活動です。したがって、活動当日に保育者は参加しません。保護者とその子どもだけ、つまり当事者同士で進められることから、ささいなできごとや行き違いが、保護者間の大きな溝になってしまうといったトラブルを招くこともあります。世話役にはそのところを調整する役割もあります。

しかし、保護者という同じ立場である世話役にはなかなか訴えにくい場合もあります。そのようなときには、保育者はサークルに参加するすべての保護者の相談相手にならなければなりませんし、場合によっては、その調整役を引き受ける必要も出てきます。訴えや問題の内容によっては、できるだけ少人数で解決すべきものもあります。ある保護者同士のいさかいといったことは、サークル全体に広げて議論するよりは、当事者と保育者、世話役のなかで話しあわれるほうがよいでしょう。一方で、サークルの運営全体にかかわる問題、たとえば、サークル内の決まりごとなどを話しあう場合には、保育者は見守り、参加者みんなでおおいに話しあってもらい、決まっていくことが望ましいといえます。

第四に、より豊かなサークル活動への導きです。子育てサークルの活動を活性化させるには、地域にある社会資源と有効に結びついていくことが重要です。たとえば、子育て支援センターが子育てサークルのネットワーク化を進め、サークル同士の経験交流の場を設けるといった取りくみです。子育てサークルの企画内容、運営上の悩みやくふうを交流することは、サークル運営にあたっている保護者にも保育者にも有益なものです。また、そこでの内容をニュースにして、サークルのメンバーや「子育て支援」にかかわる関係機関・専門職に知らせていくことも、保育者の大事な役割です。

ではここで、ある子育てサークルの事例を紹介したいと思います。

事例……世話役の交替をめぐって

一月の半ば、子育てサークルの世話役であるAさんから、子育て支援センター担当の保育者に電話がありました。来年度の世話役がなかなか決まらないので、保育者からメンバーのみなさんに話してほしいという相談でした。この子育てサークルには世話役は二人いて、その一方のBさんの子どもが四月から幼稚園に行き始めるので、それにともない新しい世話役が必要になったのです。Bさんはとても運営にすぐれた人だったので、「次の人を決めるとなると、これはひと苦労だな」と思いつつ、やはり保育者から話をするよりは、そんなときこそ、メンバー全員で思いを出しあったほうがよいと、例会が終わってから話しあいの場をもちました。

Aさんを中心に話しあいを進めてもらおうと思っていたら、いきなりAさんが「Bさんの子どもさんが四月から幼稚園に行き始めるので、世話役を代わってほしいとの要望が出ています。次を決めないといけないから、どなたかなってください」とストレートに出されたので、部屋の中が静まりかえってしまいました。これはまずいと思い、保育者も議論に参加しました。世話役が決まらない大きな要因は、どれだけの負担があるのかわからないという不安でした。

そこで、Aさん、Bさんにこれまでどのようなことを世話役として行ってきたのかを説明してもらいました。準備のようすについて、失敗談なども交えて二人がとても楽しそうに話をしてくれたことで、張りつめていた場の空気が和み、ちらほらと質問が出たり、それならばできそうだといった声があがるようになってきました。そこで、運営について、どの部分であれば担うことができそうかといった役割分担を先に決めることにしました。「パソコンなら仕事でしていたから少しできるよ」「誕生日カードづくりなら、細かい作業が好きだから私にもできそう」など、前向きな意見が出て、順調に決まっていきました。

こうしたやりとりのなかで、サークルに参加して一年目のCさんが、メンバーとのつながりが広く、豊富な情報をもっていることがわかってきました。メンバーのなかからCさんに世話役を引き受けてほしいという声があがり、みんなでサポートするという応援に後押しされ、Cさんが世話役を引き受ける前向きな決意を表明してくれ、話しあいが終わりました。

個別に折衝してもなかなかうまくいかないこともあります。そんなときは、大変なようでも、やっぱり構成員みんなで話しあい、決めることを基本にすえておくことが大切だと感じる事例です。

子育てサークルは、活動そのものに保育者が参加することがないために、保育者の役割をおろそかにしがちです。もちろん、保護者の自主性にまかせ、あくまでも見守る姿勢を貫くことも、ときには大切です。しかし、子育てサークルが発揮する力をさらに高めていくためには、傍観はせず、関心をもってかかわっていくことが重要です。サークルの運営においては肩代わりをしてはいけません。しかし、保育者の存在も、サークルの円滑かつ継続的な運営に必要なものであるとの認識を忘れてはなりません。

みんなで課題・原因を明らかにするケースカンファレンス（ケース会議）の技法

十分な経験を積んできた保育者であっても、保護者への援助には悩み、迷うのが当然です。これまであげてきた個別事例のように、保護者の抱える生活問題・生活困難は深刻かつ複雑になってきており、解決の糸口をつかむことができないまま、ただ時間だけが過ぎ去ってしまったということもあるでしょう。そうした事例を保育園内や社会福祉施設・機関などの他の専門職種といっしょに検討していくのが、ケースカンファレンス（「事例検討会」「ケース会議」）です。抱えている困難事例の解決の大きなヒントを得るだけでなく、

カンファレンスを積み重ねることは、チームの相談援助の力量をさらに高め、次の事例への援助につながっていくことにもなります。ここではケースカンファレンスの意義と目的、その基本的な技法についてふれていきたいと思います。

ケースカンファレンスの意義と目的

●要因・原因を明らかにする

ケースカンファレンスの目的は、まず、ケースカンファレンスで取りあげられた対象事例をていねいに振り返ることによって、その課題の実現を妨げている要因・原因を明らかにすることです。二つめは、ケースカンファレンスが保育者の教育・研修の機会ともなること。三つめは、社会福祉施設・機関の違いを越えて多くの専門職が連携・協力・協同関係を築きあげていくことです。そして、そのことは、常に子ども・保護者の生活をより豊かにすることをめざして行われます。

ケースカンファレンスの利点は、助言者（スーパーバイザー）と報告者だけでなく、対象事例にかかわる援助チームのメンバーをはじめ、必要に応じて他分野の専門職種、関係する機関や施設の職員も交えて行うことが大事です。つまり、さまざまな専門職種――さまざまな考えや価値観、立場の異なる人が一堂に会して進められることです。

保育園の場合では、助言者に園長やベテランの保育者、外部の専門職、たとえば虐待事例などの場合には、児童相談所のソーシャルワーカーや医療機関の職員に参加してもらうことがあるでしょう。

多くの専門職種がさまざまな立場から参加するということは、まず、保育者だけで問題や課題を抱え込んでしまうことを回避します。的確なアドバイスや支援を受けることがないなかでは、一保育者の有する力量や得意な分野に特化したかたちで問題が片づけられたり、解決はむずかしいと判断して問題が棚上げされてしまうことがあります。また、担当者が自分の力量を超えた問題を抱え込んで悩んでしまうケースもあります。

ケースカンファレンスをとおして、自身の抱えている対象事例を保護者にかかわる多くの専門職種と向きあい、深めることによって、自分のもち得ない解決方法を得たり、行き詰まった問題に前向きに取りくむことができるようになります。

●多くの目で見ることで細かいセーフティネットに

また、ケースカンファレンスに参加するさまざまな専門職種が課題を全体で共有することができるのも利点の一つです。保護者の生活課題では、情報が共有されないなかでは、支援そのものが非常に断片的になってしまい、生活の継続的な支援を実現することはむずかしくなります。情報の交流と課題の共有がなされることで、こうした事態を防ぎ、保護者の生活をより広く、継続的に支援することが可能になります。

さらに、ケースカンファレンスをとおして、多くの目（つまり、新しい視点、発想、考え、価値観、情報など）が一つの対象事例を見つめることによって、その問題を解決していく援助の方法に広がりがでると同時に、その問題を受けとめる地域での網の目（セーフティネット）が非常に細かくなり、よりていねいに生活課題をサポートしていくことが可能になるのもケースカンファレンスの利点です。

効果的なケースカンファレンスを進めるためには

●事前に所定の様式・フォーマットを用意する

ケースカンファレンスがより効果的なものになるかどうかは、事例提供者の報告が重要なポイントとなります。この点については、個々の職員によって力量に差が生じるため、何をどのように報告するのか、事前に所定の様式・フォーマットなどが用意されていると整理しやすいでしょう。決められた様式・フォーマットを使用する利点には、①事例提供者が事例を整理しやすくなり、各人の力量の差を緩和することができる、②必要な情報が抜け落ちてしまうことを予防し、かつ簡潔にまとめることができる、③よりカンファレンスを有効なものとする様式・フォーマットへと改良することができる、④カンファレンスを積み重ねるなかでその経過を追っていきやすい、などがあります。

●個人情報保護の徹底

また、資料等の作成の際には、多くの人の目にも触れることも考え、個人情報保護には細心の注意・配慮を要します。個人が特定されないような表記のしかたについても徹底しなければなりません。作成した資料は、事前に司会・進行を務めるコーディネーターや助言者、参加する予定の社会福祉施設・機関の専門職に配布しておきます。こうすることで、参加者は当日までに疑問点、質問点を絞っておくことができ、解決に向けてのあらかたの方向性をもって参加することが可能となります。

●技術的な指導も必要

ケースカンファレンスを、より実り多いものにしていくためのポイントとしては、①事例提供者の事例整理のしかたとポイントを絞った報告、②コーディネーターや助言者との事前の打ちあわせ、③用いる資料の選択と事前配布、④ケースカンファレンス当日の運営方法、があげられます。特に、事例提供者の経験年数が浅い場合には、事例報告に際しての技術的な指導も行う必要があります。

コーディネーターや助言者との事前の打ちあわせでは、事例提供者が対象事例を取りあげた理由やその思い、どのような点に焦点を絞った検討を希望しているのか、事例報告、質疑や討議に費やす時間、助言者からのアドバイスに要する時間などもあわせて確認しておきます。

●参加者に応じた対象事例の選択

ケースカンファレンスの目的に応じた対象事例の選択も重要な要素の一つです。ケースカンファレンスで取りあげる対象事例は、大きく二つの目的で取りあげられます。

一つは、困難事例や地域での新たな支援体制を築いていくことが課題となる事例です。そしてもう一つは、本来のケースカンファレンスのように、スーパービジョンを目的とする場合です。これは、経験年数の浅い職員の基礎的な力量を高めるために課題が設定され、それに応じて事例が決定されます。

いずれにしても、すべての参加者が、自分がこのケースを担当した場合であったらどう解決していくか、方法と筋道をイメージするなど、積極的に議論に参加することを基本姿勢としてもつことが、ケースカンファレンスをより有意義なものにします。

ケースカンファレンス進行と運営

●コーディネーターの役割

開会から閉会までの全般にわたる進行・運営は、コーディネーターの役割です。事前の打ちあわせに基づく運営とタイムキープも含め、効率的な運営が求められます。また、もっとも重要なのは、より適切な議論の組み立て方ができるかどうかということです。つまり、話しあわれる内容が的外れなものにならないようにすることです。このことは、優れた解決の方法を提示できるかどうかともかかわってきます。

開会に際しては、改めてケースカンファレンスの目的とねらい、集中して議論を必要とする課題について確認し、事例提供者からの報告に移ります。

事例提供者は、事前に準備・配布した資料に基づき、その概要について報告します。その際、事例の簡単なプロフィールとあわせて、なぜ、この事例を取りあげたのか、その理由について要点を報告します。ここではひとまず、事例の大まかな全体像について参加者に把握してもらうことができればよいでしょう。客観的な経過報告だけでなく、対象事例の「何を、どのように」カンファレンスで取りあげ、検討するのか、そのポイントについても提示しておくことです。

参加者は、事例提供者からの概要説明を受けて、疑問点や質問を述べます。その際、質問の意図を簡単に話し添えておくことで、その内容について、質問を向けた相手や他の参加者と共有できるとともに、質問者自身も納得のできる回答、情報を得ることができます。ケースカンファレンスでは、こうした質問や意見等を交わすなかで、情報の整理が進められ、さらに議論から浮き彫りにされた新しい論点の検討も深めながら、解決・緩和に向けての方向性が明らかにされていきます。

最後に、ケースカンファレンスの全般的な流れを振り返り、事例提供者から率直な感想や対象事例に関するアプローチの方向性について意見を述べてもらいます。同時に、助言者からも、検討をとおしてどのような点が明らかにされ、何が課題として残されたのかを述べてもらい、関係する社会福祉施設・機関の役割分担や連絡事項について確認しておきます。

進行に際しては、意見の相違から、参加者相互の雰囲気が多少険悪になったり、うまく論点が提示できず、時間が長引いてしまうということもあります。しかし、終了予定の時間でこれまでの議論の成果や確認点をまとめ、カンファレンスはひとまず終了するのがよいでしょう。時間が長引けば、参加者が主体的な意識を保つことはむずかしく、時間をかけてもよりよい議論へと発展していかないものです。

●「引き続き検討」ではなく、一致点を全体で確認する

カンファレンスのまとめでは、ここまでの議論のなかでおおむね意見が一致できた点について、全体で確認します。大切なのはカンファレンスの一定の結論および成果を出しておくということです。単に「次回に持ち越し」「引き続き検討する」といった方針では、カンファレンスの意味は薄れ、今後の議論ばかりか翌日からの実践まで滞ってしまいます。

また、それぞれのもつ多様な価値観や考えを認めながらも、それらの意見のなかから一致できる点を示し、全体として合意し進めていくことは、チームとしての力量を高めていくうえでも重要なことです。

最後に、ケースカンファレンスの場は、いつも特定の人が発言し、声の大きい人の意見がとおるということがあってはならないし、事例報告者の責任やかかわり方の問題点を追求する場でもないことも、忘れてはなりません。参加者が自由に発言できる雰囲気があり、発言していない人にも発言をうながすような配慮も必要です。大切なのは、どんなにちいさな問題も埋もれさせないということです。日々の実践のなかで感じたことや気づいたことを、みんなで共有し考えていくという土壌を職場に育むことです。

他機関・専門職とのスムーズな連携のために

保護者支援や地域の子育て支援事業等において他機関や多様な専門職種との連携が必要なことについては、個別事例のなかでも取りあげました。こうした連携は、たとえば子どもの発達や疾病、障がい、虐待、保護者の病気や経済的な困窮などの生活問題・生活困難に対応していく際に求められます。特に、昨今は子育てを取り巻く問題状況が複雑化・深刻化しています。問題の内容によっては、保育園や保育者の努力だけでは十分に支援できないだけでなく、アプローチが遅れることで、さらに事態を悪化させてしまうこともあり

ます。ここでは、他機関や他職種との円滑な連携をいかに図っていくのかについて考えます。

子ども、保護者の健康や発達、疾病・障がい、生活困窮などに対応する公的な専門機関としては、児童相談所、福祉事務所、保健所、病院、精神保健福祉センター、婦人相談所などがあります。こうした専門機関には、ソーシャルワーカー、心理判定員（発達相談員）、医師、看護師、保健師、管理栄養士、弁護士などの専門職種が配置されています。このような社会資源についての情報は、最近ではインターネットから簡単に検索できます。どのような相談や援助に応じてくれるのか、所在地や連絡先なども詳細に掲載されていますので、地域の情報をまとめておくとよいでしょう。

では、ここで事例を紹介します。

事例……発達面が気になるAちゃんをめぐって

もうすぐ四歳になるAちゃんは、運動および言語発達面での遅れが見られます。保育園でも気になる点がいくつかあり、母親（現在二八歳）に家でのようすを聞いたりして、専門機関へ相談に行ってはどうかと提案してみました。しかし、親としてはわが子に問題があるのではないかということが認めにくく、母親の同意が得られずに、なかなか次の支援の段階には進んでいません。

保育園では、まず市の保健センターの保健師へ連絡をとり、Aちゃんの保育園でのようすと保育者が気になっている点について伝えました。保健師が把握している健診の結果などもふまえて保健所と保育園とが協力して専門機関への相談につなげることを次の課題にすえました。こうした対応の一方で、担当保育者から母親に対しては、押しつけにならないように気をつけながら、何度も話しあいが続けられました。保健師も同様の認識をもっていることを母親にも伝え、保健師との相談の機会も設けました。そのなかで、徐々に母親もAちゃんの発達や対応に悩んでいたことがわかり、県内の療育センターへの相談が決まりました。母親の不安が強いことを考慮して、当日は保育者と保健師が同行しました。医師による発達検査や総合的な診断から、やはりAちゃんには療育が必要であるとの判断がなされました。これを受けて、別日にAちゃんの両親、療育センターの医師、医療ソーシャルワーカー、保健師、保育者によるカンファレンスが開催され、Aちゃんは週二回療育教室に参加することが決まりました。また、Aちゃんへの支援のあり方、配慮を要する点などが全体で確認され、家庭と保育園、療育教室とで一体的にかかわるようにしました。

現在、Aちゃんは週三回は保育園、週二回は療育センターに通っています。保育園では、療育センターとの連携を図りながら、Aちゃんの保育園での生活を意味あるものにしていくために、「気になる行動」については複数の目で見て、そのつど、保育や子どもをとらえ直しながら保育を実施しています。同時に、母親への精神的なサポートも行い、母親がAちゃんに余裕をもってかかわることができるようにしています。

事例のポイント

この事例のなかでポイントになったのは、保育園が子どもの発達・障がいという専門的な知識を必要とする問題に対し、保健師に相談することで問題の認識と共有を進めていった点です。保育者だけでは、「対応が必要である」との判断がつきにくく、保健師のアドバイスを受け、複数の目で見て判断したうえで母親に話をすることができています。

また、母親にとっても、相談できる相手が保育園と保健センターの二つに増えたことで、より確かな知識や情報をもって問題を認識することができています。他機関や多様な専門職との連携には、まず、当事者に確かな知識と豊富な情報が提供されるという利点があります。もちろん、これは当事者に限ったことではありません。保育者が対応に困ったときや疑問に思ったときには、他の専門職へアドバイスを求めることもできるのです。

さらに、一つひとつがバラバラに存在する社会福祉の制度のいわゆる「縦割り」行政の壁を克服するという点もあります。制度についての行政の周知も不十分です。そのうえ、そのしくみや申請手続きも複雑で、窓口や担当者も複数にわたります。それぞれの機関が連携することで、保護者がスムーズに制度の利用につながることができますし、全体を共有することで、その不備を発見することもできるのです。もちろん、連携する機関とは公的な制度やサービスを提供するものに限りません。当事者団体やボランティア団体などのインフォーマルなものも含まれます。こうした団体とも協力関係を築いておくことで、公的な制度ではカバーできない保護者の問題にも対応することができるのです。

問題を発見し、支援のきっかけをつかむ

では、他機関との連携に関して、保育者の担う役割とはどのようなことでしょうか。

保育者は子どもや保護者の生活の非常に近いところにいるという点から、もっとも大切な役割は問題を発見し、支援のきっかけをつかむということです。保育者が保護者やその家族の抱える問題に直面したとき、もっとも避けなければならないのは、ただ傍観するだけで、誰も声をかけず手を差し伸べなかったという事態です。保護者の抱える問題が複雑かつ深刻になればなるほど、どこから手をつけてよいのかわからなかったり、保護者とぶつかることを避け、見て見ぬ振りをしてしまったりということがあります。保護者の側から相談として持ち込まれれば、相手の力にも依拠して何か手だてを講じることはできるでしょう。

しかし、相談として持ち込まれなくても、そこに問題があるのではないかと疑われる場合には、必ずなんらかのアプローチをしなければなりません。自分だけで判断に迷うときには必ず誰かに意見を求めてください。保育園としての判断に迷うときにも必ず関連する機関の専門職へ話だけでもしておいてください。支援の最初の一手は、子どもや保護者と間近にかかわっている保育者にかかっているといっても言い過ぎではないのです。

とはいえ、他機関や他職種との連絡は何か問題が起きたときにだけなされることが多いのが現状です。しかし、円滑な連携に重要なのは日常的なやりとりです。相互にアドバイスをもらいながら学びあう関係をふだんから築いていくことが大切です。

保育園でのおとな同士の信頼関係を築くために

人やその生活を支援する仕事において、他者とのコミュニケーションはその大部分を占めています。保育の仕事においても、相互のコミュニケーションは欠かせません。コミュニケーションをとおして、子どもたちと、保護者と、職場のなかまとの信頼関係が生まれ、そのことが豊かな保育の実践を築いていくからです。しかし、保育の現場で「保護者と保育者」「保育者と保育者」の間においてコミュニケーションができない、むずかしい、苦手だと感じる人は多いようです。ここではそうした二つの関係において、コミュニケーショ

ンはどうあればよいのかを考えてみます。

すれ違いはどのようにして起こるのか

保護者からこんな意見が寄せられています。「先生たちも悪気はなく言ったひとことだと思うのですが、それが心に突き刺さったことがありました」[5]、「保護者の気持ちに共感した言い方、態度でお願いしたい。上から目線で『お母さん…』と言われるとムカッとくるし『あなたのお母さんじゃないし』と、それだけで壁を作りたくなります」[6]、「とにかく、先生から追い詰められることばかけが多いのです。（中略）本末転倒なのはわかっていますが、いくら先生から言われても、そんな理想的な生活を送ることがむずかしいのが現実で、責められてばかりだと本当につらいです」[7]といったものです。共通しているのは、保護者は自分の思いを十分に聞いてもらえた、受けとめてもらえたという実感を得られていないということです。

保護者と保育者とのコミュニケーションに関するむずかしさやすれ違いは、どのようにして起こるのでしょうか。その背景の一つには、保育者自身に話をゆっくりと聞くことができるような時間的ゆとりがなく、その忙しさが保護者に伝わっているということがあります。保護者の顔をまっすぐに見ることもなくただあいさつだけを交わしていたり、会話を早めに切り上げるような素振りを見せたり、連絡帳での保護者の問いかけにていねいに応えていなかったりといった一見ちいさなことも、積み重なれば大きな信頼を失います。

5
『ちいさいなかま』2013年9月号、11ページ
6
『ちいさいなかま』2013年6月号、19ページ
7
『ちいさいなかま』2013年12月号、13ページ

また、保育者と話した他愛のないやりとりのなかで受けた印象が不愉快であったり、違和感をもったという場合もあります。前記の意見のような「話さなければよかった」という後悔です。本来、保護者と保育者は対等な関係にありますが、話し方やアドバイスの方法によっては保護者が見下されていると感じたり、自分自身を否定され、責められているように受けとめてしまうことがあります。保育者は、保護者との会話のなかでも、どうしても優先して子どもの立場に立って考えてしまいがちです。また、保育の専門職として子どものことに関しては、科学的で客観的な見方ができます。もちろん、こうした視点からの意見を求められる場合もあります。しかし、もっとも大切なことは、保護者の立場に立って「共感する」という援助のきほんです。

先入観をもたずに話を最後まで聞く

共感することなしに助言やアドバイスをしても、それは一方的な押しつけにしかなりません。他愛のない世間話のなかからも、その人の感じ方や考え方は垣間見えてくるものです。つまり、多かれ少なかれ自分の胸の内を明かすことになります。保護者は保育者に「どんなふうに思われるだろうか」「嫌われないだろうか」といった不安や葛藤を抱えながら話したり相談したりしに来ていることを忘れてはなりません。まずは保護者の立場に立ち、先入観をもたずに話を最後まで聞くことです。そして、保護者がどのように感じているのか、考えているのかに思いを巡らし、そのことを受けとめます。子どものことや保育者としての視点や考えを含めた助言やアドバイスは、その次の段階になります。「共感する」という最初のステップが、コミュニケーションを豊かなものにするもっとも重要な要素だということです。

では、保護者が「話してみよう」「話しやすい」と思う保育者とはどのような人でしょうか。頭の回転が早い会話の上手な人でしょうか。それとも話題の豊富な人でしょうか。コミュニケーション能力については保育者一人ひとりによってさまざまです。得意な人もいれば苦手な人もいます。しかし、大切なことは、「子どもの成長をいっしょに喜んでくれる」「いつもあたたかく受け入れてくれる」「保護者も子どもも大切にしてくれる」と保護者が保育者とのやりとりのなかで実感できることなのです。

保護者への支援は保育者の重要な仕事の一つであり、保護者とのよりよい関係を築くことは保育者の専門性の一つであるとの認識をもちましょう。日々の保育実践を土台にして展開される保護者支援は保育者にしかできないことです。生活不安を抱え、ますます子育てが孤立する今だからこそ、保育者の保護者支援が求められています。

保育者同士のコミュニケーション

次に、保育者同士のコミュニケーションについて考えてみます。昨今、保育現場では、新人職員や非常勤職員の増加、勤務のローテーションの複雑化などによるコミュニケーションのむずかしさが指摘されています。また、定員超過などによる仕事量の増加が、保育者同士の話をする時間や機会を奪っているという現実もあります。いうまでもなく、保育の仕事には間違いのないマニュアルが存在するわけではありません。対象である子どもは日々、成長し変化していきます。そのうえ、クラスという単位で区切られるために孤立しがちでもあります。保育者は問題や課題を抱え、保育の方法ややり方に迷いながら仕事を続けていかなくてはなりません。それは、新人であっても、ベテランの保育者であっても同じなのです。他の保育者と保育について話しあうことは、個々の保育者が仕事を続けていくうえでも、保育園全体として質の高い実践を提供するうえでも不可欠なものであり、積極的に取りくまれてしかるべき課題です。

「自由に話しあう気風」をつくるには

保育者同士が気軽に自由に話しあう「話しあう気風」ともいえる雰囲気をいかにつくるのか。この点では、職場管理者の果たす役割が大きいと言えます。たとえば、コミュニケーションの必要性を感じていても、日々の仕事のなかでは時間的ゆとりがなく、その機会が取れないという声があります。この場合、毎日の申し送りの方法や内容を見直したり、別途、話しあう機会を設けるなどのくふうが必要です。しかし、ばらつきのある勤務ローテーションのなか、時間的な都合をどのようにつけるのか、常勤・非常勤の違いをどう乗り越え共有するのかなど課題は多くあります。どのような形態で、どのような頻度であれば保育園の実態に合うのか模索しなければなりません。

また、会議やカンファレンスなどの機会があっても、職員が自由に発言できるような場になっていなかったり、一部の人によって進められていたり、単なる業務報告や連絡の場になっていたりと、その機能を発揮していない場合もあります。会議が意味のあるものになるかという点では、進行役の力量が大きく影響します。全体を見わたし、さまざまな人に話を振りながら、かつ相手が話しやすい流れで質問し、否定的な意見が単なる批判にならないようフォローしながら肯定的にまとめることができる力が求められます（ビジネス職場でも、議事進行における適切なサポーターをファシリテーターと呼び「調整役」「促進役」という意味合いで用いられている）。会議の内容や進行の方法、職員の役割を改めて見直してみましょう。

また、新人職員だけでなく、ベテラン職員さえもなかなか自分の考えを会議で発言しないという声も聞きます。ベテラン職員こそ、積極的に仕事の悩みを打ち明け話しあうべきです。その場に新人職員が身を置くだけでも、誰でも悩むのだというあたりまえのことや保育の仕事の答えは一つではないということを知ることができます。そして、そうした姿勢に安心を感じて新人職員も話しだすのです。

こうした会議の場で自分の考えを整理し、相手にわかりやすく伝えるということは、保育者のコミュニケーション能力の訓練にもなります。こうした力は保護者支援でも求められるものです。

保育者同士で話すことはプロとしての仕事

そもそも意見を交わしたり、単刀直入にアドバイスをすると相手を傷つけてしまうのではないか、人間関係が崩れてしまうのではないかという不安がつきまといます。そうした事態を恐れて発言を躊躇してしまうこともあるでしょう。もちろん、相互に批判も含めて意見しあうということは、信頼と安心感が土台にあってはじめて可能になります。相手が心を開いて自身の弱さや内面を見せてくれると、自分も安心して心を開くことができます。しかし、すべての職員と確固たる信頼関係を結べている人などなかなかいないでしょう。苦手な人がいたり、そりが合わない人がいるのは当然のことです。このような場合、たとえば、相手に伝えたいことを直接自分が伝えるのがよいのか、相手と信頼関係の厚い別の人から伝えたほうがよいのか、個別に話したほうがよいのか、まわりも交えて話したほうがよいのかなど、言い方に加えて伝え方にも配慮します。

しかし、こうした気遣いまでして、相手との溝を埋めながらも、なぜコミュニケーションをとらなければならないのかという思いも一方で生じてきます。保育者同士で保育について話しあうことは、保護者と話すことと同様にプロとしての大切な仕事の一つです。相互に何度も話しあわれることで実践の質は高まり、それぞれの違いを乗り越えてやりとりされることで、実践は保育園全体に継承されていきます。つまり、個々の保育者の間で交わされる保育についてのコミュニケーションは、保育園を利用する子どもや保護者の利益につながっていくものなのです。そしてやはり、話しあうことは個々の保育者のメンタルヘルスの面から見ても有効です。どのような意見やアドバイスであっても、自問自答するだけでは発見できなかった新しい視点を与えてくれます。そのことで気持ちが楽になったり、身が引き締まる思いをしたりして、同じところに留まっていた意識が新しい局面へと向かいます。

保育者同士のコミュニケーションは、個々の仕事で評価できる点、見習いたい点を見つけ、ことばにして伝えることから始まります。「できない」部分ばかりに着目するのではなく、その人のできること、得意なことに目を向け、そこに助けられながら、そうでないところは補いあっていくことで信頼関係は築かれていくものです。こうした関係を結んでいくことこそが職場のめざす姿ではないでしょうか。

保護者との関係

Q&A

こんなとき、どうしたらいいでしょうか？

Q

保護者の理不尽な要求に、つらい毎日です

理解できない保護者の行動に出会うことがあります。いくら誠実に対応しても、なかなか保護者の理解が得られず、どうして一人の保護者のことで一日中振り回されなければならないのかと悩んでしまいます。園長にも相談していろんなアドバイスを受けていますが、保護者への対応をめぐっては、私の考え方とは少し違うところもあります。経験年数の浅い私は保護者からも頼りなく思われているのか、コミュニケーションをとることすらむずかしくなっています。最近では、その保護者と顔を合わせるのもしんどくなり、仕事を休んでしまいたいと思うこともあります。

A

職場においてストレスを感じる要因は多岐にわたります。特に、人間関係でのトラブルは、どのような職種においても離職理由のトップにあがります。保育の現場では、上司や同僚、子どもたち、保護者との関係があります。特に、保護者とのかかわりでは、なかなか強く意見をいったり、面と向かって間違いを正したりできないために、保育者の側が一方的にストレスを溜め込んでしまうのです。さらに、業務時間外にまたがる多忙な

業務、不規則な勤務形態といった過酷な労働条件が拍車をかけます。日々の仕事のなかでこうしたことが積み重なり、精神的にも追い詰められていくと、いつしか同僚や保護者への不信、被害感情を抱いたり、漠然とした不安、無力感に襲われます。そして過度のストレス状態にさらされ続けることで、身も心もすり減らし、バーンアウトして（燃え尽きてしまう）しまいます。

こうしたことは保育者だけに限ったことではありません。看護師、ソーシャルワーカー、教師なども同様です。人を相手にする仕事は、マニュアルどおりにはいかないだけに、ときとして自分を非力に思い、徒労感や無力感に陥ることがあります。また、自分の感情を押し殺してまでも、専門職として「ふさわしい」態度や行動を取ったり、保護者の前では演じ続けたりしなければならないだけに疲弊していくこともあります。

セルフケアも重要な仕事の一部

専門職には、こうしたバーンアウトを回避するための対処法を身につけておくこと、すなわちセルフケアも重要な仕事の一部として組み込んでいくことがとても大事になってきます。つまり、過度のストレスから生まれる保育者のバーンアウトを予防するため、日頃から自分自身の心と身体の健康に注意を払うことが大切です。

保護者との関係では、その保護者の訴えを長時間にわたって傾聴しなければならないこともめずらしくありません。メンタルヘルスが気がかりな保護者の場合、保護者との距離を上手に取ることや、相手の不安定な感情に巻き込まれないようにするために、保護者との感情の境界線をきちんと保つようにします。

仕事をとおして受ける保護者からの保育者自身に対する批判や評価のなかには、もちろん一個人として、仕事人として参考になるものもありますが、あくまでも仕事上でのやりとりや状況において発せられるものであり、保育者自身の人間性に対するものではないということも忘れてはなりません。「あなたはこんな人間だ」とは誰にも言えないのです。ですから、自分が否定されていると思う必要はありません。見直さなくてはならないことは、仕事の進め方や方法です。

また、主任保育者や信頼のおける同僚に相談して、保育者の苦しみ、怒り、不満など否定的な感情も含めて聞いてもらいアドバイスを求めることも大事です。自分一人で抱え込まずに、相談してみることです。たとえば、保護者の面接も複数で対応したり、ベテランの保育者に同席してもらったりすることで、余裕をもって話を聴くことができ、それによって、保護者の見方を少し変えることもできます。もちろん、職員間で情報を交流し課題を共有しながら、チームとして対応することも大切です。

保護者からの要求に対しては、保育園・保育者として現実的に対応が可能なこととそうでないこととを整理し、早い段階で伝えておきます。あいまいな態度で接していると、淡い期待だけをもたせて、結局、何もしてもらえなかったということで、築きかけていた信頼関係を再び損ねてしまうことにもなります。

メンタルヘルスに課題を抱える保護者の場合は、行政から事前の情報提供がなされると、保護者理解と対応を進めるうえで役立ちます。地域の関係する機関が全体で支えるしくみを構築し、スムーズな情報共有や連携を図ることです。こうした取り組みは、保育園全体として園長などの管理者が中心になって進めることになります。

職場の課題として受けとめる

経験年数の浅い保育者の場合は、保育技術が未熟なために日々の保育に漠然とした不安や困難を有したり、職員間の人間関係や保育観・保育理念の相違（保育実践の価値観が共有できない）がストレスの大きな要因になっていることがあります。保育職場で行った調査でもストレスを感じることの多かった項目には、「職場の人間関係」「親との関係」があげられました。また、自分の仕事ぶりについて満足している保育者も少ないことがわかりました（東京都社会福祉協議会保育部会調査）。一方で、管理者の管理業務も質量ともに増大するなかで、職員とのコミュニケーションが十分に取れず、病欠や休職の申し出によって、はじめて職員の心身の不調に気づくこともあります。メンタルヘルスは、職員個人の問題ではなく職場の課題として受けとめ、対応していく必要があります。

ストレスの大きな理由の一つとなっている職場の人間関係の改善に向けて、同僚との感情的な軋轢《あつれき》は放置することのできない課題です。管理者は、日々の仕事のなかで、保育者自身が安心して働くことのできる環境にしていくことが大切です。つまり、保育者同士が相手の感情や訴えを受容し、自らの思いを率直に伝え、表現することのできる関係をつくることです。また、ベテラン保育者は、経験年数の浅い若手保育者の気づきや考えを大切にして、そのよさやすてきな面を評価し、仕事に自信をもってもらうことです。

このことは、保育者自身が自己肯定感と仕事への意欲を高め、専門性の向上にもつながるものです。職場の人間関係をよくしていくことと、保護者支援においてスムーズに対応していくこととは、近いところで関係しているように思います。

Q どう伝えても、保護者に伝わりません

働き始めて四年目になります。保護者に頼みたいことや直してほしいと思っていることをどう伝えてよいのかわかりません。子どものことでお願いしても、あからさまに迷惑そうにされます。また、どう伝えても批判されていると受け取られてしまい、関係がギクシャクしてしまいます。

A

保護者に対して伝えたいことが伝えられない、伝えても誤解をされるなどしてなかなか真意が伝わらない、といった悩みも、保育の現場で多く聞きます。ささいなやりとりで感じた双方の違和感が、その後の関係に大きな溝を生んでしまうこともあり、保護者とのやりとりにストレスや負担を感じている保育者も少なくないでしょう。

相手に何かを伝えるときに必要になるのは、一つはもちろん豊富な語彙力です。しか

し、さらに重要なことは、相手にあわせた伝え方や言い方ができるかということではないでしょうか。性格や育ってきた環境、置かれている状況、子育てに対する考え方は保護者によってさまざまです。確かに、それを見極めて適切な表現を用いて伝えることはむずかしいことです。しかし、こうしたことは、保護者とのふだんからのやりとりをとおして感覚的に得ていくものです。

保護者のことを知ると伝え方が見えてくる

特に、保護者に何かをお願いするようなときに、反感をもたれてしまったという話を聞きます。このような場合、ふだん保護者とどのようなやりとりがなされているのか疑問です。何気ないやりとりがまったくないなかで、保育者の側から話しかけられたと思えば、お願いごとや子育てについての指摘では一方的な押しつけとしか感じられないでしょう。

たとえば、連絡帳は特別に伝えておかなければならない事柄だけのやりとりになってはいないでしょうか。子どものようすや成長の一コマを保育者の側からこまめに伝えておくことで、保護者も気軽に子育てについて記入してくれるようになり、一方的な連絡事項のみだった内容が、文字どおり「やりとり」に変わっていきます。

ふだんのコミュニケーションを通じて、お互いを知っていく過程で安心感や信頼関係は築かれていきます。信頼関係は協力関係にもなっていきます。そうした関係のなかでは、保護者自身も気軽に保護者に話しかけていくことができます。

保護者のことを知ってくると、どのように伝えたらよいのかがわかってきます。どのようなことばで、顔を見ての口頭がよいのか、連絡帳がよいのか、個別に伝えるのか、おたよりを利用して全体をとおして伝えるのか、時間や場所を変えてみるとよいのかなど、方法はいくらでも考えられます。

コミュニケーションは、相手との共同作業

しかし、そうはいっても、お互いに人間である以上、常にコミュニケーションがうまくいくということはありません。保護者との間に誤解が生じたり、気持ちがすれ違うことはあります。

大切なことは、「一つの要件につき一回のやりとり」で終わらないことです。誤解があると感じたならば、もう一度、訂正すること、ことばをたしてていねいに伝え直すことが大切です。たとえば、連絡帳での記載で誤解を与え、保護者に不快な思いをさせてしまった場合は、改めて顔を見て事情を話します。お互いが納得できるまで伝え、話しあうことです。

援助のきほんでもある相手の立場に立つことは、コミュニケーションで欠かせない姿勢です。そして、コミュニケーションとは自分と相手との共同作業であることも、あたりまえのようで忘れがちです。一方的なものにならないためにも、常にどう考えているのか、どう感じているのか保護者の思いも聞きとりながら進めていきます。一度のつまずきを引きずらず、やりとりを続けていくことによって、必ず相手に何かしら伝わっていくものと思います。

Q 個別面談や家庭訪問では、何を話せばいいのでしょうか？

新人保育者の教育係としてサポートに入っています。新年度が始まって個別面談や家庭訪問が実施されました。保護者とのやりとりや家庭のようすなどの報告を受けましたが、保育園側からの伝達事項を伝えるだけで終わってしまったようで、何を話せばいいのか、何をすればいいのかわからないと相談されました。

A

個別面談や家庭訪問の目的は、まず、保護者に保育園での子どものようすを伝えることにあります。あそびや給食、お昼寝など保育の場面で見せる子どものようすを、できるだけくわしく、エピソードなどを交えて伝えます。

あわせて、保育園で今、子どもと取り組んでいることなども話しておきます。たとえば、手洗いや歯磨き、顔洗い、食事の態度、トイレ、身支度などの生活習慣の取り組みは、保護者に伝えておくことで家庭とも連携して進めていくことができます。子どもが今、夢中になっているあそびや歌などの話は、保護者も子どもとの時間を過ごすときの参考になります。もちろん、こうした生活場面での家庭のようすも聞いておきましょう。そこの情報は、これからの保育で大変役に立ちます。

保護者支援の土台として

また、保育者と保護者が顔を合わせてじっくりと話す機会だからこそ、お互いを知ることも目的の一つです。保護者の人柄、子育てについての考え方などを会話をとおしてつかんでいきます。ここでのやりとりが、今後の保護者支援の土台となる信頼関係にもつながっていきます。

家庭訪問では、子どもの住む家の場所の確認と周辺地域のようすも見ておきます。緊急時の連絡に役立つだけでなく、子どもの多い地域なのか、どこであそぶことが多いのかなどを聞いてみても、さまざまなことがわかってきます。さらに、子どものようす、保護者とのやりとりなど、家庭の雰囲気を見ておくことも大切です。

以前は、家の中で話をすることが多かった家庭訪問は、現在ではプライバシーの保護やさまざまな事情から玄関先で行われたり、廃止されたりというところも増えてきました。もちろん、調査が目的ではありませんから、家の中をじろじろと見たり、生活のくわしいようすや経済状況などをたずねることは、あってはならないことです。

しかし、暮らしの場をたずねることの意味は大きいものがあります。ときには、保護者に接する子どもの態度から保護者との間にある問題に気づいたり、家のようすから子どもの生活の乱れがわかったりということがあります。そうした保育園とは違った子どもの姿を、五感を使ってつかむことが求められます。

保護者との懇談の機会には他にも、保護者会総会や保護者懇談会などがあります。保育園の理念や方針、保護者への子育てに関する依頼事項を伝えると同時に、運営に関して保護者からの質問等を受けることを目的に開催されます。

しかし、実際には時間的な制約があったりして、保育園側からの一方的な発信の場になっていることも少なくありません。保育園のなかには、こうした機会とは別に保護者が少人数で子育てについて話しあうような交流の場を設けたり、保護者の要望に基づいて学習会を企画するなど、保護者参加の運営を試みているところもあります。このような取り組みや場が、さらにお互いを理解しあうことにつながると思います。

エピローグ 保育の現場で働く方へ

本書は雑誌『ちいさいなかま』（二〇一三年四月号～二〇一四年三月号）に連載した「援助のきほん」に加筆修正をしてまとめたものです。
連載中には、保護者のみなさんから、ちいさいなかま編集部へ多くの感想や意見を寄せていただきました。一つ紹介させていただきたいと思います。
高齢者分野の相談支援をなさっていて、現在二歳とゼロ歳の子どもを子育て中の保護者の方です。

〈先月、自分でもびっくりするくらいイライラがおさまらず、子どもをかわいいと抱きしめることもできないほど精神的に苦しいときがありました。（保育園の）先生に話すと「お母さん、やさしいから」「まじめだから」。そのことばがストレスにさえなりました。やさしいから子どもに注意できない、まじめだからできない…できない、できないと子育てを否定されているかのように聞こえました。そんなとき別の先生が、リフレッシュのための一時保育制度について教えてくれたおかげで気持ちが本当にラクになりました。（中略）先生のひとことで、傷ついたり、救われたり。私もことばに気をつけたいと思います。〉

昨今、子ども・子育て支援新制度のスタートに向けて具体的な検討が進められています。そのようななかにあって、社会福祉の立場から保育の現場に働く人たちへのメッセージを述べたいと思います。

支える側も支えられている仕事

介護保険制度がスタートしたころ、ＮＨＫで「俺たちヘルパー四人組」という番組が放映されました。これは、福祉施設で働いていた、いずれも二〇歳代後半から三〇歳代の若者が、自分たちの理念に基づく仕事をしたいと訪問介護事業所を立ち上げ、男性ヘルパーであるがゆえのむずかしさや小規模事業所の経営のきびしさを乗りこえ、しだいに地域の利用者・家族から信頼を得ていくという、いわば奮闘記です。

舞台は東京の下町です。彼らは、こまめに利用者の家を訪問し、これまではゆっくりと時間をかけることができなかったコミュニケーションを大切にして、日常の支援ニーズからこれからの人生や生活をどのように過ごしていきたいかといった将来の希望までを、利用者・家族といっしょになって描いていきます。利用者・家族に寄り添えば寄り添うほど、利用者宅の家具の移動や大掃除、リハビリのための戸外での散歩のおつきあいといった、介護保険制度下の介護報酬では認められていない支援は増していきます。当然、こうした支援は事業所の収入増には結びつかず、お給料もなかなか上がりません。

番組の取材を進めてきたディレクターが番組のなかでこう問いかけています。

――どうして給料も安く、労働環境もきびしい福祉の仕事を選んだのですか?

すると、そのうちの一人がこう答えました。

――きついです、きついですよ。でも、高い給料がほしいなら、はじめからこの福祉の仕事を選んではいません。別の仕事に就いていますよ。いい格好するわけじゃないけれど、福祉の仕事は半分は人のため、社会のため、そしてもう半分は、自分のためにしていると思うのですよ。

おそらく、保育や福祉の現場で実際に保護者や利用者と向きあっている人たちの多くがこうした思いをもっておられるのだろうと思います。

「人を支える仕事」は、一見すると一方向的な働きかけ（与えるもの）と勘違いしてしまいがちです。しかし、彼の言うように、支える側もまた支えられているということを、働いてみると実感します。

四人のヘルパーが立ち上げた事業所は、彼らにとっては職場であるとともに、自分たちの自己実現の場にもなっています。それは、理想に向かってなかまと手をとり、地域の利用者・家族といっしょになって、ていねいに仕事を進めてきたからこそ手に入れることができたものです。

みなさんは、決して一人ではありません

今、介護保険法や障害者総合支援法といった利用契約制度のもとで、社会福祉法人といえども民間企業的経営と同様の志向が強まり、「適正」な利潤の確保や独立採算制の強化が図られ、職員には「効率的」な仕事が要求されるようになっています。実際に職員には、高齢者、障がい児・者への直接的な支援だけでなく、記録や事務といった実務的負担が増えました。こうした変化は、これまでの仕事（保育・福祉実践）の質にも大きく影響しています。

また、利用者負担の増額によって「買うサービス」が横行するなかで、利用者・家族の側にも「ビジネスライクなおつきあいを」といった考えをもつ人も出ています。これまではお互いの事情を理解しあいながら、信頼関係を土台に乗りこえてきたさまざまなできごとも、今では、たとえささいな行き違いであっても「クレーム」として寄せられるようになっています。

そんななかで、保育・福祉の職員としての初心の思いが通じず、やるせない気持ちになることもあるでしょう。加えて、保育・福祉の仕事は、子どもたちの健康や発達、障がい児・者の生命、暮らしと向きあうだけに、専門職としてきびしい姿勢が要求されたり、ときには、つらい判断を迫られたりすることもあります。行き詰まって仕事が思うようにいかなくなると、保育現場でも、ついつい、保護者や同僚に対して「わかってくれない」と不信感や不満を募らせてしまうこともあると思います。しかし、おそらく、そういうときは自分が学習を怠っていたり、目先のことばかりでまわりが見えていなかったり、何より、からだや心が疲れているときです。

こうしたことは保育・福祉の仕事に限らず、働く限りは必ず誰もが経験することです。自分なりにリフレッシュを図りながら、新しいステージにステップアップしていってほしいと思います。

しかし、みなさんは決して一人ではありません。そんなみなさんを救い出してくれるのもまた子ども、保護者、同僚たちです。どうなることかと不安に思っていた親子が力強く生きていく姿に接したとき、何の力にもなれなかったと落ち込んでいたら、保護者から「あのとき、いっしょにいてくれてよかった」と言われたとき、「あなたがいて助かった」と同僚に肩を叩かれたとき、張り詰めていた気持ちがふっと途切れ、「この保育の仕事に就いてよかった」と、きっと思ってもらえると思います。

若手保育者を孤立させないために

保護者とのかかわりにおいて悩んでいるのは、特に若手の保育者に多いように見受けられます。「どのように接していけばよいのかまったくわからない」と悩んでいる若手保育者に対して、ベテラン保育者のみなさんには、次のことをお願いしたいと思います。

まず、若手保育者はいわば、みなさんのこれまでの仕事（保育実践）を引き継ぐ人たちであり、これからともに成長していくなかまでもあります。若い保育者に対する否定的な評価を聞くことがままありますが、人手不足が深刻化する保育・福祉の現場においてもっとも重要なのは「人を育てる」という姿勢です。昔はよく「仕事は見て覚えるものだ」と言われました。確かに、こうした姿勢は若手のみなさんにももってほしいものです。

しかし、ベテラン保育者の仕事の意味や根拠（なぜ、そのように働きかけたのか、または判断したのか）、そこで大切にしたかった思いなどを「ことば」で彼らに語って伝えることは、若手の学びを助けるだけでなく、ベテラン保育者にとっても、自身の仕事を振り返る機会になります。さらに、若手保育者を「孤立」させない職場づくりは、保育・福祉の仕事の特徴の一つでもある「チーム労働」にも大きく寄与します。

ベテラン保育者の連携を見て、その輪のなかに自身も含まれていると若手も感じていくことが円滑なチーム労働を可能にし、保育実践をさらに発展させます。

では、具体的にはどのような取り組みを行っていけばよいのでしょうか。個々の保育者には、「人を育てる」という姿勢に立ち、あたたかいまなざしをもって若手保育者に接してほしいと思います。園や法人の管理者には、「みんなが育ちあえる職場づくり」を第一義的課題として位置づけ、積極的な取り組みを行ってほしいと思います。

人を育てることは、自分を育てること

たとえば、ある障害児施設の法人の職員研修では三つのテーマを設定して、職員は興味・関心のあるものに参加します。研修は三か月に一回程度、三年間を一区切りに開催され、施設・事業所の枠を越えて多くの職員が主体的に参加しています。研修はゼミ方式で、その運営は主に若手職員が担っています。各ゼミには大学の研究者が助言者として加わっています。

筆者も何度か参加させてもらっていますが、この研修には、自由に語ることのできる雰囲気があります。若手職員の事例報告は、緊張からか、ぎこちないものではありますが、子どもたちにていねいに向きあう真摯な姿勢がうかがえます。それに対してベテラン職員は、これまでの子どもたちのようすやそこでの気づきなどについて、同じ課題に向きあう者として応えています。日々の忙しい仕事のなかでは、じっくりと時間をとって職員同士がコミュニケーションをとることがむずかしいために、特に若手職員は疑問や不安が蓄積

し、「窒息状態」になってしまうことがあります。このような場でベテラン職員からのアドバイスと励ましを受けることで、保育・福祉の職員としての育ちや学びが助けられ、「これでよかったのだ」と確信をもつことができます。さらに、孤独からも救われるのです。

こうした研修の機会を設け、そこでのかかわりをさらに、日々の仕事のなかでの職員同士の活発なコミュニケーションにつなげていくことも意味ある方法の一つです。

若手とベテランとのかかわりは、子ども・保護者とのかかわりと同様に双方向のものです。ときには、保育・福祉の現場に純粋な思いを抱いて飛び込んできた若手保育者とのかかわりによって、日々のなかで忙殺されていた「初心の思い」を思いだすこと、改めて子どもや保護者の立場にたった支援のありようを教えられたりすることもあるでしょう。人を育てることは、自分を育てることでもあるのです。

まだまだ、みなさんが安心して働き続けることのできる職場環境とはいえません。しかし、制度を含め、現在の保育実践を創りあげてきたのは子ども・保護者、そして、働くみなさんです。このことにおおいに確信をもち、保育や社会福祉を少しでもよりよいものにしていくためにも力をあわせていきましょう。

なお、本書は二〇一四年度教育職員研修の成果の一つとして出版したものです。

最後になりましたが、連載から出版にあたってご助言をいただきました『ちいさいなかま』編集部の利光睦美さん、今年度、研修でお世話になりました立教大学コミュニティ福祉学部長の浅井春夫先生、また、研修の機会を与えてくださいました佛教大学関係者の皆様にこの場をお借りして感謝申し上げます。出版にあたり、社会福祉援助論を保育現場の今につなげるにはまだまだ理論的・実践的な課題があることも学びました。より一層の研鑽を深めていきたいと思います。

保護者とかかわるときのきほん

援助のポイントと保育者の専門性

2014年11月10日初版第1刷発行

著者――――植田 章

発行――――ちいさいなかま社
〒162-0837 東京都新宿区納戸町26-3
TEL 03-6265-3172(代)
FAX 03-6265-3230
URL http://www.hoiku-zenhoren.org/

発売――――ひとなる書房
〒113-0033 東京都文京区本郷2-17-13広和レジデンス101
TEL 03-3811-1372
FAX 03-3811-1383
Email:hitonaru@alles.or.jp

印刷所――――東銀座印刷出版株式会社

ISBN978-4-89464-214-0 C3037

カバー・本文イラスト
かるべめぐみ

ブックデザイン
阿部美智(オフィスあみ)